유학생을 위한

대학한국어

1

듣기·말하기

이화여자대학교 언어교육원 지음
Ewha Womans University
Ewha Language Center

개정판

유학생을 위한

대학한국어

1

듣기·말하기

E PRESS

책을 펴내면서

이화여자대학교 언어교육원은 오래 전부터 대학(원) 외국인 유학생을 위한 학문 목적 한국어 교육 과정을 운영하면서 이들을 위한 교육 자료 개발에 노력을 기울여 왔습니다. 2005년 교육인적자원부의 한국어 연수 프로그램 지원 사업에 선정되어 학문 목적 한국어 교재를 개발하고 1년간의 철저한 시험 사용을 거쳐 2008년 『유학생을 위한 대학한국어』를 출간하였습니다. 그 후 2010년 『이화 한국어(Ewha Korean)』, 2017년 『에센스 이화 한국어(Essence Ewha Korean)』 등을 발간하며 전 세계 외국인들이 쉽고 재미있고 효율적으로 한국어를 학습하는 데에 기여해 왔습니다. 그리고 이화여자대학교 언어교육원이 한국어 교육을 시작한 지 30년을 맞이하는 올해 2018년, 그간의 교육 경험과 끊임없는 연구를 바탕으로 대학(원) 외국인 유학생의 한국어 능력 및 학업 능력 향상에 더욱 실질적인 도움을 주기 위해 『유학생을 위한 대학한국어』 개정판을 발간하게 되었습니다.

『유학생을 위한 대학한국어』 개정판은 중급 이상의 한국어 학습자를 대상으로 대학(원)에서 필요로 하는 듣기, 말하기, 읽기, 쓰기 능력이 균형 있게 발전할 수 있도록 하였으며 구어인 듣기와 말하기, 문어인 읽기와 쓰기가 유기적인 연계를 갖도록 설계하였습니다. 기존 『유학생을 위한 대학한국어』와 달리 이번 개정판에서는 듣기, 말하기, 읽기, 쓰기를 위한 전략을 제시하고 전략 연습을 거쳐 그 전략을 활용하여 과제를 수행하도록 구성하였습니다. 이렇게 학문 목적 학습자들의 학업에 필요한 교양 지식뿐 아니라 학업 수행을 위한 전략을 함께 제공함으로써 외국인 유학생의 한국어 능력 향상 및 학업 능력 배양에 보다 많은 도움을 주고자 하였습니다.

마지막으로 『유학생을 위한 대학한국어』 개정판이 출간되기까지 이 책의 편집자들이 쏟은 열정과 노력에 대해서 깊은 감사를 드립니다. 또한 이 교재가 출판되는 데에 편집과 출판을 맡아 아낌없는 지원을 해 주신 이화여자대학교출판문화원에도 감사의 마음을 전합니다.

앞으로 『유학생을 위한 대학한국어』 개정판이 국내외 대학(원) 외국인 유학생들에게 좋은 학습 자료로 널리 활용되기를 기대합니다.

2018년 2월

이화여자대학교 언어교육원 원장

차례

책을 펴내면서 • 5
교재 구성과 사용법 • 8
교재 구성표 • 10

제1과 언어와 문화 • 12
듣기 관용어의 특징 • 14
말하기 언어의 특징 • 22

제2과 인간과 교육 • 30
듣기 전인 교육 • 32
말하기 기여 입학제 • 40

제3과 문화와 예술 • 48
듣기 한국의 문화유산 • 50
말하기 무용 • 58

제4과 심리와 성격 • 66
듣기 행동과 심리 • 68
말하기 성격 형성 • 76

제5과 운동과 식생활 • 84
듣기 운동의 동작 • 86
말하기 바람직한 식생활 • 94

제6과 신문과 광고 • 102

듣기 신문의 위상과 역할 • 104

말하기 광고 • 112

제7과 경제와 기업 • 120

듣기 환율과 경제생활 • 122

말하기 기업의 사회적 책임 • 130

제8과 인간의 발달 • 138

듣기 정서 발달 • 140

말하기 한국인의 결혼관 • 148

제9과 과학과 미래 • 156

듣기 나노 과학 • 158

말하기 기상 조절 • 166

제10과 역사의 이해 • 174

듣기 역사적 사실과 해석 • 176

말하기 역사적 사건 • 184

듣기 지문 및 정답 • 194

찾아보기 • 244

교재 구성과 사용법

『유학생을 위한 대학한국어 1: 듣기·말하기』 개정판은 10개의 단원과 정답 및 듣기 지문, 찾아보기로 구성되어 있습니다. 각 단원은 국내 대학 교양 과목에서 자주 접하게 될 주제들로 이루어져 있으며 2개의 소단원이 듣기, 말하기로 나뉘어 구성됩니다. 각 단원의 도입 부분에서는 단원명과 단원의 내용 관련 질문 2개를 제시했으며 단원의 세부 구성은 다음과 같습니다.

듣기는 준비하기 – 어휘 익히기 – 전략 익히기 – 듣기 – 생각 넓히기로 구성되어 있습니다.

준비하기에서는 주제와 관련된 내용을 살펴보면서 강의를 들을 준비를 합니다.

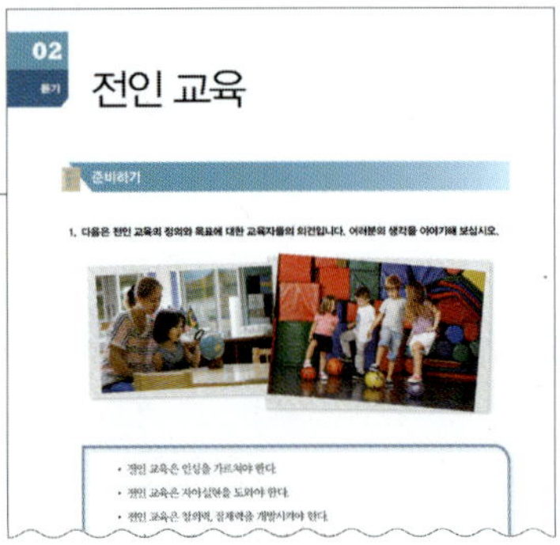

어휘 익히기에서는 주제 관련 어휘 및 강의에서 나오는 어휘나 표현 등을 익힙니다.

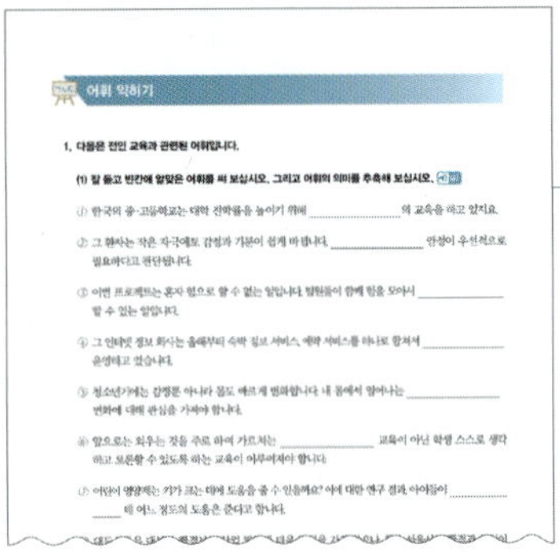

전략 익히기에서는 강의 내용 이해 및 노트 필기를 위한 전략을 배우고 연습합니다.

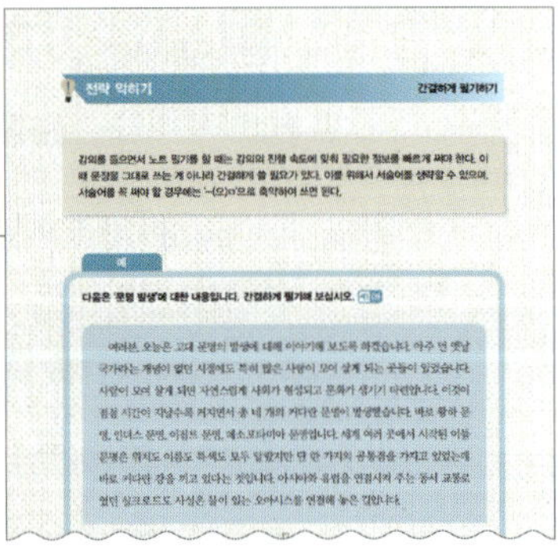

듣기에서는 강의를 듣고 노트 필기하기, 전체 및 세부 내용 파악하기 등의 활동을 수행합니다. 특히 듣기 자료는 모두 강의를 위주로 구성하여 대학 수학에 필요한 듣기 능력을 기르도록 했습니다.

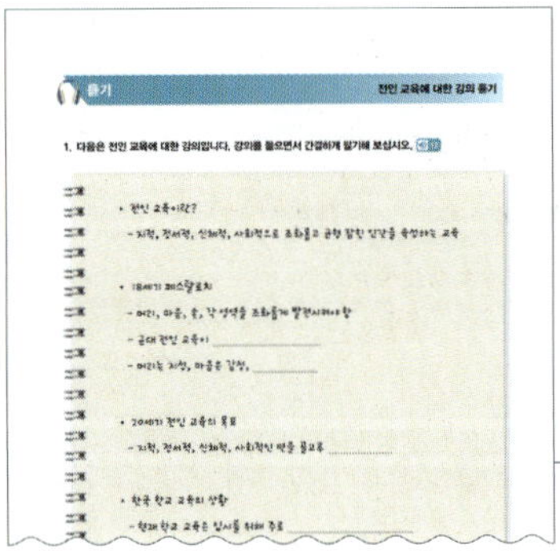

생각 넓히기에서는 주제와 관련된 말하기 활동을 통해 학습 내용을 강화합니다.

말하기는 준비하기 – 어휘 익히기 – 전략 익히기 – 말하기 – 생각 넓히기로 구성되어 있습니다.

준비하기에서는 주제와 관련된 내용을 생각해 보면서 말할 준비를 합니다.

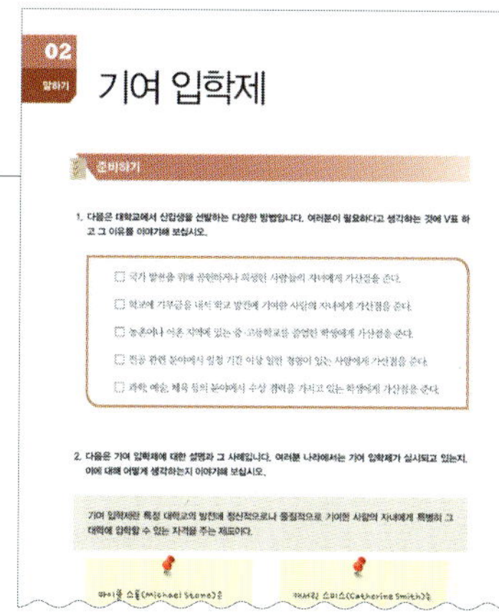

어휘 익히기에서는 주제 관련 어휘 및 말하기 과제 수행 시 필요한 어휘나 표현 등을 익힙니다.

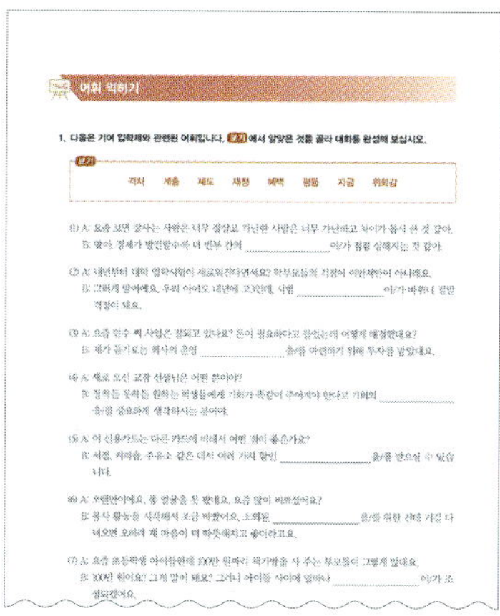

전략 익히기에서는 발표 및 토론을 위해 필요한 전략을 배우고 연습합니다.

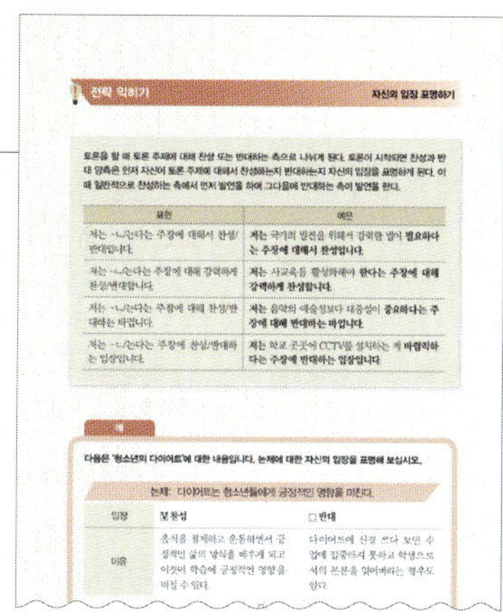

말하기에서는 주제와 관련하여 조사한 내용을 발표하거나 논리적으로 자신의 의견을 말하고 토론합니다. 전략 익히기에서 배우고 연습한 다양한 발표 및 토론 전략을 활용하여 과제를 수행하게 하는 것이 특징입니다. 이러한 방법은 말하기에 대한 부담을 줄여 줄 뿐 아니라 생각을 보다 조리 있게 표현하게 도와줍니다.

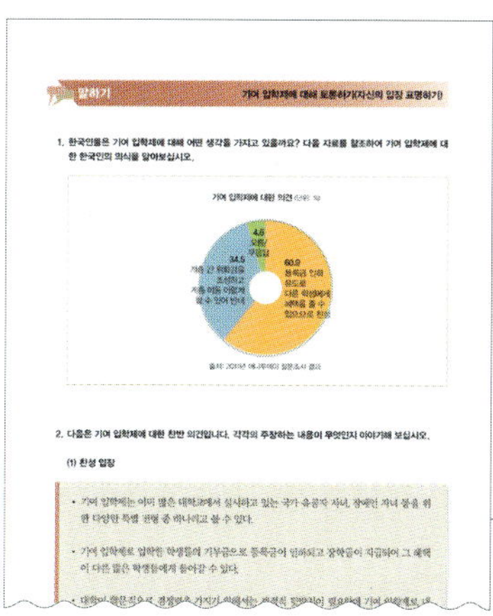

생각 넓히기에서는 발표에 대한 의견 말하기, 토론 후 쓰기 등 다양한 활동을 통해 학습 내용을 강화합니다.

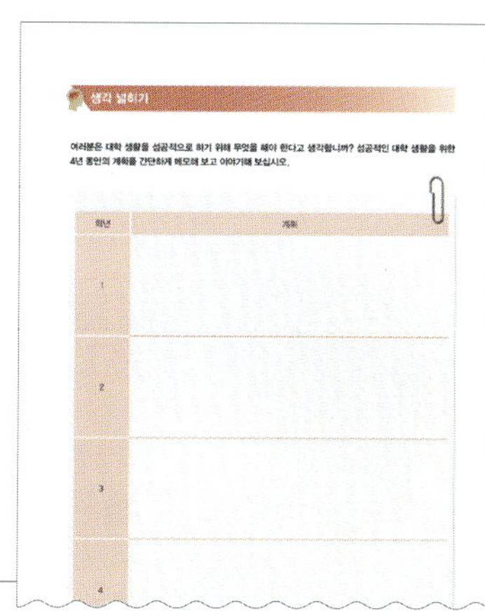

교재 구성표

과	단원명	듣기			
		주제	전략	과제	어휘
1	언어와 문화	관용어의 특징	강의 도입 내용 파악하기	관용어의 특징에 대한 강의 듣기	관용어 관련 어휘
2	인간과 교육	전인 교육	간결하게 필기하기	전인 교육에 대한 강의 듣기	전인 교육 관련 어휘
3	문화와 예술	한국의 문화유산	시각 자료로 배경지식 활성화하기	문화유산의 아름다움에 대한 강의 듣기	한국의 문화유산 관련 어휘
4	심리와 성격	행동과 심리	내용에 맞게 계층적으로 필기하기	행동주의 심리학에 대한 강의 듣기	행동주의 심리학 관련 어휘
5	운동과 식생활	운동의 동작	화제 전환에 따른 강의 내용 파악하기	운동 기능에 따른 지도 방법에 대한 강의 듣기	운동 동작 관련 어휘
6	신문과 광고	신문의 위상과 역할	요약 부호 사용해서 필기하기	신문의 위상과 역할에 대한 강의 듣기	신문 관련 어휘
7	경제와 기업	환율과 경제생활	수량과 관련된 세부 내용 파악하기	환율과 경제생활에 대한 강의 듣기	경제생활 관련 어휘
8	인간의 발달	정서 발달	표로 도식화하여 필기하기	정서 발달에 대한 강의 듣기	영아기 정서 발달 관련 어휘
9	과학과 미래	나노 과학	중요한 내용 파악하기	나노 기술에 대한 강의 듣기	나노 과학 관련 어휘
10	역사의 이해	역사적 사실과 해석	교재 여백에 보충 내용 필기하기	역사적 사실과 해석에 대한 강의 듣기	역사 관련 어휘

말하기			
주제	전략	과제	어휘
언어의 특징	발표 시작하고 마무리하기	모국어의 특징에 대해 발표하기	언어의 특징 관련 어휘
기여 입학제	자신의 입장 표명하기	기여 입학제에 대해 토론하기 (자신의 입장 표명하기)	기여 입학제 관련 어휘
무용	시청각 자료 제시하며 설명하기	자국의 무용에 대해 발표하기	무용 관련 어휘
성격 형성	주장의 근거 제시하기	성격 결정론에 대해 토론하기 (주장과 근거 말하기)	성격 형성 관련 어휘
바람직한 식생활	강조해서 말하기	바람직한 식생활에 대해 발표하기	식생활 관련 어휘
광고	관점 정해서 비평하기	광고 비평하여 발표하기	광고 관련 어휘
기업의 사회적 책임	확인 질문하기	기업의 사회적 책임에 대해 토론하기	기업의 사회적 책임 관련 어휘
한국인의 결혼관	설문 조사 결과 수치로 설명하기	한국인의 결혼관 조사 발표하기	결혼 관련 어휘
기상 조절	부분적으로 동의하며 반론하기	기상 조절에 대해 토론하기	기상 조절 관련 어휘
역사적 사건	사건의 결과 및 평가 말하기	역사적 사건에 대해 조사 발표하기	역사적 사건 관련 어휘

Q

1. 우리에게 언어가 없다면 어떨 것 같습니까?
   언어가 인간의 삶에서 어떠한 역할을 한다고 생각합니까?

2. 언어와 문화는 서로 관련이 되어 있다고 생각합니까?
   관계가 있다면 언어와 문화는 어떤 관계인 것 같습니까?

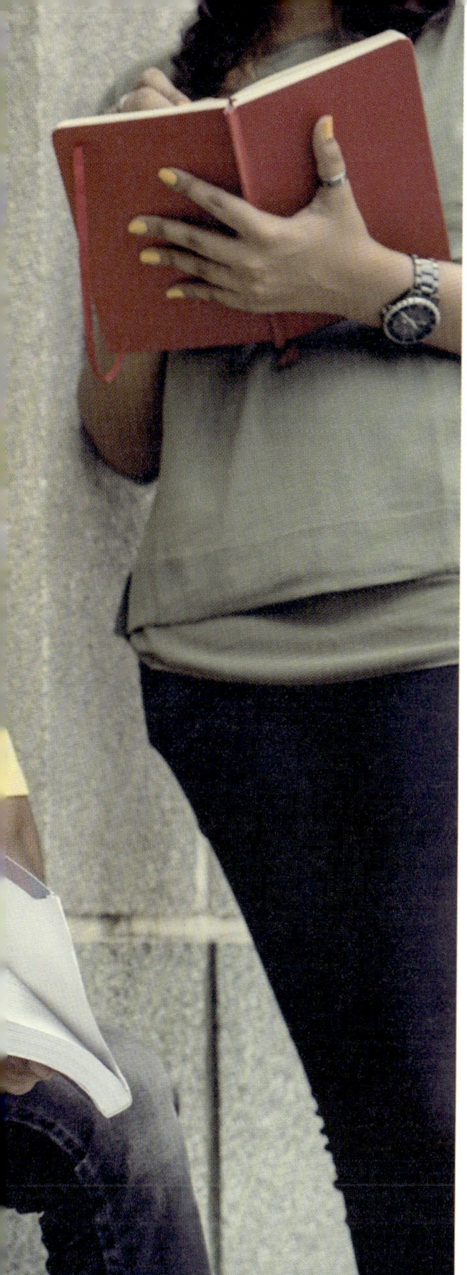

제1과 언어와 문화

【듣기】 관용어의 특징

어휘 익히기 **관용어 관련 어휘**
전략 익히기 **강의 도입 내용 파악하기**
듣기 **관용어의 특징에 대한 강의 듣기**

【말하기】 언어의 특징

어휘 익히기 **언어의 특징 관련 어휘**
전략 익히기 **발표 시작하고 마무리하기**
말하기 **모국어의 특징에 대해 발표하기**

01 듣기

관용어의 특징

준비하기

1. 여러분은 한국어를 통해서 한국 문화를 알게 된 경험이 있습니까? 다음은 한국어의 몇 가지 특징들입니다. 이것을 통해 한국 문화의 어떤 점을 알 수 있는지 이야기해 보십시오.

- 속담이나 관용어에 떡, 개, 호랑이 등이 자주 등장한다.
- 대상에 따라 높임말, 공손한 표현을 다양하게 사용한다.
- 가족을 부를 때 쓰는 호칭인 언니, 형, 이모 등을 가족이 아닌 사람에게도 쓴다.

2. 관용어는 둘 이상의 단어로 이루어져 있으면서 그 단어들의 의미만으로는 전체의 의미를 알 수 없는, 특별한 의미를 나타내는 말입니다. 다음 중 밑줄 친 부분이 관용어라고 생각하면 V표 하고 그 의미가 무엇인지 추측해서 이야기해 보십시오.

☐ 그 아이는 입이 짧아 음식을 조금 먹다가 남길 때가 많다.
☐ 그 사람은 자기 이익을 위해서라면 거짓말을 밥 먹듯 한다.
☐ 같은 배추김치라도 김치를 담그는 방법이 지역에 따라 다르다.
☐ 작년에 이어 올해도 같은 대학을 지원했지만 또 미역국을 먹었다.
☐ 그 여자는 눈이 높아서 웬만한 남자에게는 관심도 보이지 않는다.
☐ 보통 사람보다 발이 크다 보니 마음에 드는 신발을 사는 것이 쉽지 않다.

어휘 익히기

1. 다음은 관용어와 관련된 어휘입니다.

(1) 잘 듣고 빈칸에 알맞은 어휘를 써 보십시오. 그리고 어휘의 의미를 추측해 보십시오. 01

① 지나친 흡연은 건강에 나쁜 ________________ 을 끼치게 됩니다.

② 사람들은 자신과 처지가 비슷한 사람들에게 ________________ 을 느끼게 된다고 합니다.

③ 변화하는 소비자들의 기호를 빠르게 ________________ 제품만이 살아남을 수 있습니다.

④ 그 사람은 서로 ________________ 이 없는 사건들을 연결해서 생각하는 경우가 많습니다.

⑤ 현대인의 생활과 과학은 떼어서 생각할 수 없는 ________________ 관계에 놓여 있습니다.

⑥ 언어를 공부할 때 그 표현이 생겨난 ________________ 를 알면 더 잘 이해할 수 있습니다.

⑦ 모르는 단어를 보게 되면 사전을 찾기 전에 무슨 뜻인지 ________________ 보는 것이 좋습니다.

⑧ 오늘 이곳에서는 사물놀이와 재즈를 하나로 ________________ 새로운 공연이 벌어질 예정입니다.

(2) 다음은 (1)에서 들은 어휘의 의미입니다. 알맞은 어휘를 찾아 써 보십시오.

① 아주 가까운 관계에 있다 ________________

② 사물이나 일이 생겨난 방법 ________________

③ 서로 연관되는 성질이나 경향 ________________

④ 둘 이상의 사물이나 사람이 하나가 되다 ________________

⑤ 비슷한 것으로 다른 사물을 미루어 추측하다 ________________

⑥ 다른 것에 영향을 받아 어떤 현상을 나타내다 ________________

⑦ 어떤 사물의 효과나 작용이 다른 것에 미치는 일 ________________

⑧ 다른 사람의 감정, 의견 등에 대해 자신도 그렇다고 느낌 ________________

2. 밑줄 친 어휘와 의미가 같거나 유사한 어휘를 보기에서 찾아 써 보십시오.

보기

관습	신체	본래	일부분
얻다	굳어지다	표출되다	해당하다

(1) 비 온 뒤에 땅이 더 단단해지는 법입니다.

( )

(2) 건강한 몸에 건강한 정신이 깃들기 마련입니다.

( )

(3) 공지한 자격 조건에 맞는 사람만 이력서를 제출할 수 있습니다.

( )

(4) 그 사람의 행동은 사회의 질서와 풍습에 맞지 않는 것이었습니다.

( )

(5) 그 학생은 선생님의 위로와 격려에 희망과 용기를 가지게 되었습니다.

( )

(6) 요즘 언론은 영리만 추구하는 나머지 처음의 기능을 잃어 가고 있습니다.

( )

(7) 건물 전체를 보수하기에는 경제적 부담이 커 이번에는 한쪽만 하기로 했습니다.

( )

(8) 그 사람이 평소에 지니고 있는 생각이나 감정은 그 사람의 말과 행동에 나타납니다.

( )

강의 도입에서는 본격적인 강의에 앞서, 이전 시간에 배운 내용에 대한 정리와 이번 시간에 배울 내용에 대한 소개가 주로 이루어진다. 도입에서 다루어지는 이전 학습 내용은 새로 배울 강의 내용과 연관되어 있기 때문에 그 내용을 잘 이해하면 강의 전체를 더욱 잘 이해할 수 있다. 아래의 표현을 알면 강의 도입 부분의 내용을 파악하는 데에 도움을 받을 수 있다.

	표현	예문
전 시간에 배운 내용 정리	지난 시간에 ○을/를 배웠는데요.	**지난 시간에** 한국어의 **속담을 배웠는데요.**
	지난번에 -ㄴ/는다고 그랬었죠?	**지난번에** 한국어 속담에는 떡하고 개가 자주 **나온다고 그랬었죠?**
	앞서 말씀드렸다시피/말씀드렸듯이	**앞서 말씀드렸다시피** 속담은 한국인의 정서와 문화를 반영합니다.
오늘 배울 내용 소개	오늘의 주제는 ○입니다.	**오늘의 주제는** 한국의 **사투리입니다.**
	이제 ○에 대한 것을 같이 볼까요?	**이제** 한국의 **사투리에 대한 것을 같이 볼까요?**
	지금부터 ○에 대해 살펴보도록 하겠어요.	**지금부터 사투리에 대해 살펴보도록 하겠어요.**

예

다음은 '통신 언어 사용'에 대한 내용입니다. 강의 도입 내용을 파악해 보십시오. 02

자, **지난 시간에** 인터넷, 문자 메시지 같은 데서 주로 사용하는 통신 언어 사용의 문제점을 **배웠는데요.** 통신 언어 사용으로 언어 규범이 오염되고 또 청소년 중에는 한국어를 바르게 쓰지 못하는 현상이 심해지고 있다고 **그랬었죠?** 그럼 **지금부터** 이러한 문제를 어떻게 해결해야 할지, 그 해결 **방안에 대해 살펴보도록 하겠어요.**

⇩

전 시간에 배운 내용	통신 언어 사용의 문제점
오늘 배울 내용	통신 언어 사용의 문제점 해결 방안

연습 다음을 듣고 강의 도입 내용으로 알맞은 것에 V표 해 보십시오.

1. '사고력과 언어력'에 대한 내용입니다. 03

전 시간에 배운 내용	☐ 사고력과 언어력의 결합 시기 ☐ 사고력과 언어력의 공통성과 관련성
오늘 배울 내용	☐ 언어가 인간의 사고에 미치는 영향 ☐ 인간의 사고가 언어에 미치는 영향

2. '사회학'에 대한 내용입니다. 04

전 시간에 배운 내용	☐ 대표적인 사회학자 ☐ 사회학의 정의와 특징
오늘 배울 내용	☐ 사회학의 과학성과 체계성 ☐ 사회학의 역사와 발전 단계

3. '경영학'에 대한 내용입니다. 05

전 시간에 배운 내용	☐ 경영의 성공과 실패 사례 ☐ 경영의 다섯 가지 핵심 영역
오늘 배울 내용	☐ 경영과 경영학의 정의 ☐ 경영의 다섯 가지 핵심 영역의 중요성

1. 다음은 관용어의 특징에 대한 강의입니다. 강의를 들으면서 필기해 보십시오. 06

• 관용어의 특징

- 의미면

단어들이 결합해서 본래의 의미가 아닌 ______________ 를 나타낸다.

- 사용면

그 사회에서 오랜 시간 동안 한 단어처럼 굳어져 사용되어 왔다.

넓은 지역에 걸쳐서 사용되고 ______________

관용어의 일부분을 ______________ 의미가 통하지 않는다.

* 문화의 ______________ 관용어

단어의 뜻만으로 ______________

다른 언어에서 찾아볼 수 없다.

__________ 를 가지고 있다.

2. 강의를 다시 듣고 물음에 답하십시오.

(1) 전 시간 강의와 오늘의 강의는 무엇에 대한 것인지 써 보십시오.

전 시간에 배운 내용	
오늘 배울 내용	

(2) 강의에서 이야기한 것은 무엇입니까?

① 신체 관용어의 유래
② 형태면에서 본 관용어의 특징
③ 한국인의 결혼 문화에서 유래된 관용어

(3) 관용어의 특징으로 강의에서 언급되지 않은 것은 무엇입니까?

① 다른 언어지만 비슷한 관용어를 사용하는 경우가 있다.
② 그 문화권 사람들이 오랜 시간에 걸쳐 사용하여 만들어진 것이다.
③ 의미면에서 본 관용어의 특징은 단어의 뜻만으로는 유추가 어렵다는 점이다.

(4) 들은 내용과 같은 것은 무엇입니까?

① '발이 넓다'는 역사적인 배경을 지닌 관용어이다.
② '입이 작다'와 '입이 짧다'는 의미가 같은 관용어이다.
③ '미역국을 먹다'는 문화의 영향을 많이 받은 관용어이다.

생각 넓히기

다음의 신체 관련 관용어들이 여러분 나라 언어에서는 어떻게 사용되는지 조사해 보고 유사점과 차이점을 이야기해 보십시오. 그리고 그 차이점을 문화적으로 해석할 수 있을지 이야기해 보십시오.

한국어	________어	________어
눈이 높다		
발이 넓다		
입이 짧다		
귀가 가렵다		
다리를 뻗고 자다		

01

말하기

언어의 특징

준비하기

1. 다음 그림을 보고 한국어에 어떠한 특징이 있는지 이야기해 보십시오.

2. 한국어와 여러분의 모국어의 공통점과 차이점을 이야기해 보십시오.

ㄱㄴㄷ 어휘 익히기

1. 다음은 언어의 특징과 관련된 어휘입니다. 보기에서 알맞은 것을 골라 대화를 완성해 보십시오.

보기
겸손　맥락　부정　비유　생략　어원　억양　중의성

(1) A: 너 내가 경상도 출신인 걸 어떻게 알았어?
　B: 내 친구 한 명도 경상도 사람인데, 그 친구랑 너랑 ________________ 이/가 비슷하더라고.

(2) A: 어? 조화영 시인의 시집이네요? 조화영 시인 좋아해요?
　B: 네. 그 사람 시에는 겉으로 드러나지 않은 ________________ 이/가 많아서 숨은 의미를 찾는 재미가 있거든요.

(3) A: 너 이민호 선생님 강의 또 들어? 매 학기 수강하네.
　B: 응. 이민호 선생님은 강의 내용을 일상생활에 빗대어 ________________ 을/를 자주 들어 주시는데, 어려운 것도 귀에 쏙쏙 들어오거든.

(4) A: 나연이 남자 친구 생긴 것 같지? 그런데 물어봐도 대답을 안 해.
　B: 그런 것 같아. 학교 앞에서 어떤 남자랑 같이 가는 걸 보고 남자 친구냐고 물었는데 긍정도 안 하고 ________________ 도 안 하더라고.

(5) A: 넌 어떻게 이렇게 역사 점수가 좋아? 난 암기 과목은 너무 어려운 것 같아.
　B: 음…. 나는 역사를 공부할 때 먼저, 사건이 일어난 때, 장소, 이유 등과 같은 ________________ 을/를 파악하려고 해. 사건이 일어난 상황을 이해하면 역사도 쉽고 재밌게 공부할 수 있거든.

(6) A: '예쁜 수란이 동생'이라고 하면 수란이가 예쁘다는 거예요? 아니면 수란이 동생이 예쁘다는 거예요?
　B: 그 표현은 ________________ 을 지녀 두 가지 의미로 모두 해석될 수 있어요. 어디에서 끊어 말하는지에 따라 의미가 달라지는 거죠.

(7) A: 제가 한국인 친구한테 오늘 발표 너무 멋졌다고 했더니 친구가 자긴 잘 못했다고 했어요. 칭찬을 했는데 그렇게 답해서 당황스러웠어요.
　B: 그건 ________________ 의 표현이에요. 한국인들은 옛날부터 칭찬을 받으면 오히려 부족함을 나타내는 말을 하곤 했거든요.

(8) A: '하룻강아지 범 무서운 줄 모른다'라는 말을 들었는데 여기에서 '하룻강아지'는 무슨 말이에요?
B: 태어난 지 얼마 안 된 강아지를 가리켜요. '하룻'의 ________________ 에 대해서 짐승의 한 살을 의미하는 '하릅'에서 왔다는 설도 있고, 하루라는 의미의 '하로'에서 왔다는 설도 있거든요.

2. 다음을 읽고 알맞은 것을 골라 보십시오.

(1) 이 영화 음악은 작품의 분위기를 잘 (밝혀, 나타내) 줍니다.

(2) 건강을 위해서 매일 (규칙적으로, 예외적으로) 운동을 해야 합니다.

(3) 커피 찌꺼기를 (교체하면, 활용하면) 냉장고 냄새를 없앨 수 있습니다.

(4) 이번 시험이 너무 쉽게 출제돼 상위권 학생과 중위권 학생들이 (변별되지, 식별되지) 않는다고 합니다.

(5) 언어적 표현 못지않게 몸짓 언어와 같은 비언어적인 (기호, 상징)도 의사소통에 있어 중요한 역할을 합니다.

(6) 담배를 피우지 않는 손님들을 위해 열차의 좌석을 흡연석과 금연석으로 (구분해, 분류해) 놓았습니다.

(7) 어머니께서 저축의 필요성을 여러 번 (강조하셔서, 첨가하셔서) 어릴 때부터 저축하는 습관이 생겼습니다.

(8) 한국 사람들은 수를 나타낼 때 '하나, 둘, 셋'과 같은 (고유어, 한자어)를 사용하기도 하고, '일, 이, 삼'이라고 말하기도 합니다.

(9) '반짝반짝, 울긋불긋, 끄덕끄덕, 들썩들썩' 등과 같이 사물의 모양이나 움직임을 나타내는 말을 (의성어, 의태어)라고 합니다.

(10) 박수호 선수는 지난 월드컵 때 대표팀에서 (축약했지만, 탈락했지만) 4년간 열심히 훈련해서 이번 월드컵에서는 주장으로 뛰게 되었습니다.

발표할 때 청중이 발표의 전체 구성을 이해할 수 있도록 시작과 마무리 부분을 알려 주는 것이 중요하다. 발표를 시작하고 마무리할 때는 주로 사용되는 표현이 있다. 발표를 시작할 때는 인사를 한 후, 발표의 주제를 소개하는 경우가 많다. 발표를 마칠 때는 발표가 끝났다는 것을 나타내는 마무리 표현을 말하며, 발표를 마친다.

	표현	예문
시작할 때	○에 대해 발표하고자 합니다.	저희 조는 통신 언어의 **실태에 대해 발표하고자 합니다.**
	○에 대해서 조사한 것을 말씀드리겠습니다.	저는 신입생의 대학 **생활에 대해서 조사한 것을 말씀드리겠습니다.**
마무리할 때	○이/가 ○에 대해 준비한 내용은 여기까지입니다.	저희 **팀이** 세대 **차이에 대해 준비한 내용은 여기까지입니다.**
	이상으로 ○에 대한 발표를 모두 마치겠습니다.	**이상으로 봄꽃에 대한 발표를 모두 마치겠습니다.**

예

다음은 '시제'에 대한 내용입니다. 발표를 시작하고 마무리해 보십시오.

시작할 때

안녕하세요? 저는 사회학과 2학년 박소연입니다. 저는 한국어의 **시제에 대해 발표하고자 합니다.**

마무리할 때

제 발표는 여기까지입니다. 끝까지 들어 주셔서 감사합니다.

연습 다음을 보고 발표를 시작하고 마무리해 보십시오.

1. '높임법'에 대한 내용입니다.

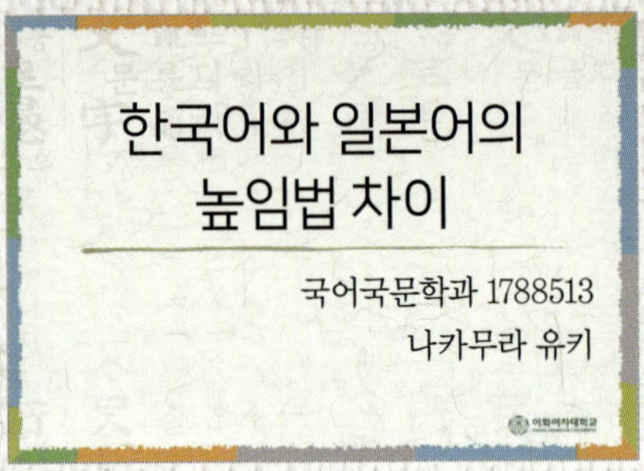

시작할 때

마무리할 때

2. '교통수단'에 대한 내용입니다.

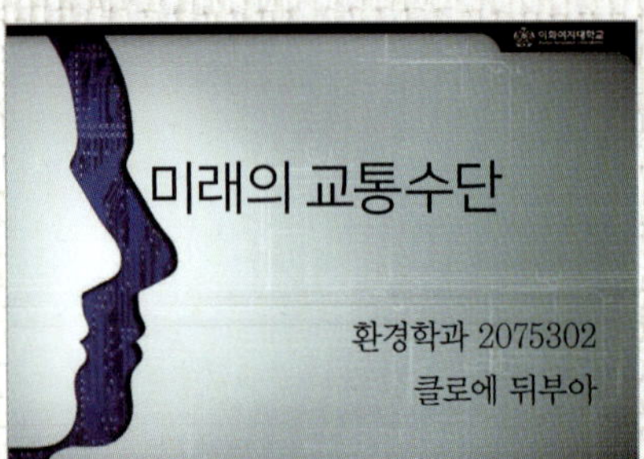

시작할 때

마무리할 때

3. '요가'에 대한 내용입니다.

시작할 때

마무리할 때

말하기 모국어의 특징에 대해 발표하기

1. 다음은 한국어의 특징에 대한 발표 목차입니다. 한국어의 어떤 특징에 대해 발표하는지 이야기해 보십시오.

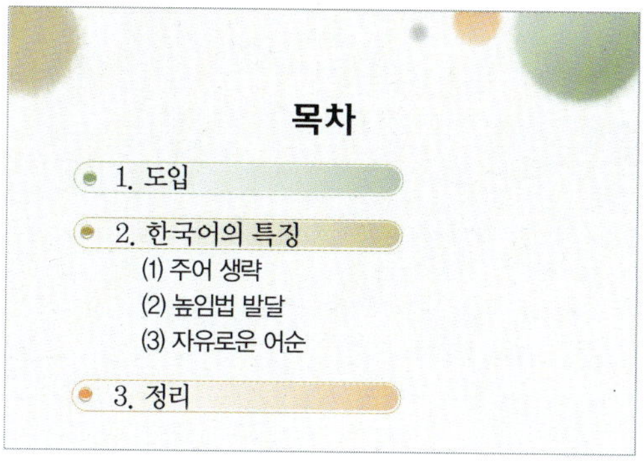

2. 모국어의 특징을 발표하려고 합니다. 모국어의 특징과 각각의 특징에 맞는 예를 조사하고 메모해 보십시오.

한국어의 특징	한국어의 예
주어를 생략할 수 있다.	• (우리는) 교통 규칙을 지켜야 합니다. • A: (너) 어디 가? B: (나) 학교에 가.
높임법이 발달했다.	• 선생님께 언제 찾아뵈면 될지 여쭙고 싶습니다. • A: 할아버지, 진지 드세요. B: 오냐.

특징	예
• 어순이 자유롭다.	•
• 듣는 사람에 따라 사용하는 표현이 다르다.	•
• 문화의 영향으로 특별한 의미를 지닌 표현이 있다.	•
• 말하는 사람의 성별에 따라 사용하는 표현이 다르다.	•
• ______________________	•
• ______________________	•

3. 여러분 모국어의 특징에 대해 발표할 내용을 메모해 보십시오.

처음	
중간 (모국어의 특징)	• 특징 ①: 예) • 특징 ②: 예) • 특징 ③: 예)
끝	

4. 조사한 내용을 바탕으로 여러분 나라 언어의 특징에 대해 발표해 보십시오.

5. 다른 사람들의 발표는 어땠습니까? 어떤 점이 좋았습니까? 그리고 새롭게 알게 된 점은 무엇입니까?

생각 넓히기

여러분은 어떤 외국어를 공부했습니까? 그 언어를 배울 때 활용한 특별한 학습 방법에 대해 이야기해 보십시오.

외국어	학습 방법

Q

1. 사람은 태어나서 몇 살부터 몇 살까지 교육을 받는 것 같습니까?
   인간의 삶에서 교육이 끝나는 때가 언제라고 생각합니까?

2. 여러분은 대학 교육의 목표가 무엇인 것 같습니까?
   오늘날의 대학 교육은 그 목표에 맞게 가고 있다고 생각합니까?

제2과
인간과 교육

【듣기】 전인 교육

어휘 익히기 전인 교육 관련 어휘
전략 익히기 간결하게 필기하기
듣기 전인 교육에 대한 강의 듣기

【말하기】 기여 입학제

어휘 익히기 기여 입학제 관련 어휘
전략 익히기 자신의 입장 표명하기
말하기 기여 입학제에 대해 토론하기 (자신의 입장 표명하기)

02

듣기

전인 교육

준비하기

1. 다음은 전인 교육의 정의와 목표에 대한 교육자들의 의견입니다. 여러분의 생각을 이야기해 보십시오.

- 전인 교육은 인성을 가르쳐야 한다.
- 전인 교육은 자아실현을 도와야 한다.
- 전인 교육은 창의력, 잠재력을 개발시켜야 한다.
- 전인 교육은 모든 자질을 조화롭게 발달시켜야 한다.
- 전인 교육은 지적 능력, 체력적 능력을 발달시켜야 한다.

2. 여러분은 학교에서 꼭 배워야 할 것은 무엇이라고 생각합니까? 다음에서 중요한 것 세 가지를 골라서 표시하고, 그렇게 생각하는 이유를 말해 보십시오.

☐ 지식	☐ 인성	☐ 체력	☐ 예체능
☐ 지도력	☐ 사회성	☐ 창의력	☐ 기타 (　　　　　　)

어휘 익히기

1. 다음은 전인 교육과 관련된 어휘입니다.

(1) 잘 듣고 빈칸에 알맞은 어휘를 써 보십시오. 그리고 어휘의 의미를 추측해 보십시오. 07

① 한국의 중·고등학교는 대학 진학률을 높이기 위해 ________________의 교육을 하고 있지요.

② 그 환자는 작은 자극에도 감정과 기분이 쉽게 바뀝니다. ________________ 안정이 우선적으로 필요하다고 판단됩니다.

③ 이번 프로젝트는 혼자 힘으로 할 수 없는 일입니다. 팀원들이 함께 힘을 모아서 ________________ 할 수 있는 일입니다.

④ 그 인터넷 정보 회사는 올해부터 숙박 정보 서비스, 예약 서비스를 하나로 합쳐서 ________________ 운영하고 있습니다.

⑤ 청소년기에는 감정뿐 아니라 몸도 빠르게 변화합니다. 내 몸에서 일어나는 ________________ 변화에 대해 관심을 가져야 합니다.

⑥ 앞으로는 외우는 것을 주로 하여 가르치는 ________________ 교육이 아닌 학생 스스로 생각하고 토론할 수 있도록 하는 교육이 이루어져야 합니다.

⑦ 어린이 영양제는 키가 크는 데에 도움을 줄 수 있을까요? 이에 대한 연구 결과, 아이들이 ________________ 데 어느 정도의 도움은 준다고 합니다.

⑧ 대도시들은 대부분 환경보다 산업 발전에 더욱 관심을 가져 왔으나 최근 서울시는 환경과 산업이 모두 ________________ 발전할 수 있는 방법을 찾고 있습니다.

(2) 다음은 (1)에서 들은 어휘의 의미입니다. 알맞은 어휘를 찾아 써 보십시오.

① 하나로 합치다 ________________

② 감정과 관련되다 ________________

③ 마음과 힘을 합치다 ________________

④ 자라서 점점 커지다 ________________

⑤ 사람 몸과 관련되다 ________________

⑥ 입학시험을 중요하게 생각함 ______________

⑦ 외우는 것을 주로 가르치는 방식 ______________

⑧ 한쪽으로 기울거나 치우침이 없다 ______________

2. 다음을 듣고 물음에 답하십시오.

(1) 들은 어휘에 V표 해 보십시오. 그리고 어휘의 의미를 추측해 보십시오. 08

□ 나아가다	□ 동일하다
□ 머무르다	□ 비롯되다
□ 실천하다	□ 암기하다
□ 육성하다	□ 포함하다

(2) 다음은 (1)의 어휘와 의미가 비슷한 어휘입니다. 알맞은 어휘를 (1)에서 찾아 써 보십시오.

① 같다, 똑같다, 다르지 않다 ______________

② 기르다, 키우다, 자라게 하다 ______________

③ 외우다, 잊지 않다, 기억하다 ______________

④ 행하다, 해 나가다, 실제로 하다 ______________

⑤ 그치다, 멈추다, 나아가지 못하다 ______________

⑥ 발생하다, 시작되다, 처음 생기다 ______________

⑦ 되어 가다, 향해 가다, 앞으로 가다 ______________

⑧ 함께 넣다, 안에 넣다, 들어가게 하다 ______________

전략 익히기

간결하게 필기하기

강의를 들으면서 노트 필기를 할 때는 강의의 진행 속도에 맞춰 필요한 정보를 빠르게 써야 한다. 이 때 문장을 그대로 쓰는 게 아니라 간결하게 쓸 필요가 있다. 이를 위해서 서술어를 생략할 수 있으며, 서술어를 꼭 써야 할 경우에는 '–(으)ㅁ'으로 축약하여 쓰면 된다.

예

다음은 '문명 발생'에 대한 내용입니다. 간결하게 필기해 보십시오. 09

여러분, 오늘은 고대 문명의 발생에 대해 이야기해 보도록 하겠습니다. 아주 먼 옛날 국가라는 개념이 없던 시절에도 특히 많은 사람이 모여 살게 되는 곳들이 있었습니다. 사람이 모여 살게 되면 자연스럽게 사회가 형성되고 문화가 생기기 마련입니다. 이것이 점점 시간이 지날수록 커지면서 총 네 개의 커다란 문명이 발생했습니다. 바로 황하 문명, 인더스 문명, 이집트 문명, 메소포타미아 문명입니다. 세계 여러 곳에서 시작된 이들 문명은 위치도 이름도 특색도 모두 달랐지만 단 한 가지의 공통점을 가지고 있었는데 바로 커다란 강을 끼고 있다는 것입니다. 아시아와 유럽을 연결시켜 주는 동서 교통로였던 실크로드도 사실은 물이 있는 오아시스를 연결해 놓은 길입니다.

⇩

- 고대 문명의 발생
  - 많은 사람이 모여 사회가 형성되고 문화가 생김
  - 총 4개의 문명이 발생함 (황하, 인더스, 이집트, 메소포타미아 문명)
  - 모두 강을 끼고 있음
  - 실크로드: 물이 있는 오아시스를 연결해 놓은 길

연습 다음을 듣고 간결하게 필기해 보십시오.

1. '다국적 기업'에 대한 내용입니다. 10

- 다국적 기업
  - 세계 여러 곳에 지사, 공장 등을 두고 물건을 생산하거나 판매 활동을 하는 ______________________
  - GM 자동차 회사나 아디다스 ______________________

2. '대안 학교'에 대한 내용입니다. 11

- 대안 학교: 학생들 개개인의 자질과 능력에 맞는 자율적 학습 프로그램을 운영하는 ______________
  - 1921년 영국 서머힐 학교(Summerhill School)에서 ______________
  - 설립자 알렉산더 닐(Alexander Sutherland Neill): 어린이를 학교에 맞추는 것이 아니라 ______________________

3. '대학 생활'에 대한 학장님의 강연입니다. 12

- 성공적인 대학 생활을 위해 할 일
  - 전공에 대한 학문적 탐구를 위해 노력해야 함 ______________________
  - ______________________ 졸업 후의 사회생활을 위해 필요

1. 다음은 전인 교육에 대한 강의입니다. 강의를 들으면서 간결하게 필기해 보십시오. 13

- 전인 교육이란?
  - 지적, 정서적, 신체적, 사회적으로 조화롭고 균형 잡힌 인간을 육성하는 교육

- 18세기 페스탈로치
  - 머리, 마음, 손, 각 영역을 조화롭게 발전시켜야 함
  - 근대 전인 교육이 ____________
  - 머리는 지성, 마음은 감성, ____________

- 20세기 전인 교육의 목표
  - 지적, 정서적, 신체적, 사회적인 면을 골고루 ____________

- 한국 학교 교육의 상황
  - 현재 학교 교육은 입시를 위해 주로 ____________
  - 정서적 교육, 창의력을 길러주는 교육이 ____________

- 전인 교육을 실현하기 위한 교육 방안
  - 지식을 통합·활용할 수 있는 능력, 능동적·창의적 문제 해결 능력 등을 ____________
  - 이를 위해 입시 위주의 학교 교육, 대학 입시 제도를 ____________

2. 강의를 다시 듣고 물음에 답하십시오.

(1) 전인 교육에 대한 설명으로 맞지 않는 것은 무엇입니까?

① 전인 교육은 입시 위주의 교육 환경에서도 실천될 수 있다.
② 페스탈로치의 교육 이론은 근대 전인 교육의 바탕이 되었다.
③ 20세기 전인 교육은 사회에 잘 적응하도록 하는 것도 포함한다.

(2) 강의에서 이야기된 내용은 무엇입니까?

① 입시 위주 교육의 문제점
② 전인 교육을 받은 학생의 사례
③ 전인 교육을 실시하고 있는 학교 소개

(3) 전인 교육을 위해 학교 교육이 나아가야 할 방향으로 알맞은 것은 무엇입니까?

① 문제가 생겼을 때 그 상황에 바로 적응하도록 교육한다.
② 전통적으로 해 오던 방식을 따르며 행동하도록 교육한다.
③ 다른 사람과 협동하여 문제를 해결할 수 있도록 교육한다.

(4) 강의 뒤에 이어질 내용은 무엇입니까?

① 전인 교육을 위한 구체적인 방안
② 전인 교육이 가져온 다양한 문제점
③ 전인 교육이 지역 사회에 미치는 영향

생각 넓히기

여러분 나라의 교육 중에서 다른 나라 사람들에게 소개할 만한 좋은 제도나 프로그램이 있으면 이야기해 보십시오.

국가	교육 제도 및 프로그램	특징

02

말하기

기여 입학제

준비하기

1. 다음은 대학교에서 신입생을 선발하는 다양한 방법입니다. 여러분이 필요하다고 생각하는 것에 V표 하고 그 이유를 이야기해 보십시오.

- ☐ 국가 발전을 위해 공헌하거나 희생한 사람들의 자녀에게 가산점을 준다.
- ☐ 학교에 기부금을 내서 학교 발전에 기여한 사람의 자녀에게 가산점을 준다.
- ☐ 농촌이나 어촌 지역에 있는 중·고등학교를 졸업한 학생에게 가산점을 준다.
- ☐ 전공 관련 분야에서 일정 기간 이상 일한 경험이 있는 사람에게 가산점을 준다.
- ☐ 과학, 예술, 체육 등의 분야에서 수상 경력을 가지고 있는 학생에게 가산점을 준다.

2. 다음은 기여 입학제에 대한 설명과 그 사례입니다. 여러분 나라에서는 기여 입학제가 실시되고 있는지, 이에 대해 어떻게 생각하는지 이야기해 보십시오.

기여 입학제란 특정 대학교의 발전에 정신적으로나 물질적으로 기여한 사람의 자녀에게 특별히 그 대학에 입학할 수 있는 자격을 주는 제도이다.

마이클 스톤(Michael Stone)은 할아버지와 아버지가 하버드대학교(Harvard University) 출신이기 때문에 SAT(Scholastic Aptitude Test) 점수의 약 10% 가산점을 받고 하버드대학교에 입학했다.

캐서린 스미스(Catherine Smith)는 아버지가 케임브리지대학교 (University of Cambridge)에 일정 금액 이상을 기부해 가산점을 받고 케임브리지대학교에 입학해서 공부하고 있다.

어휘 익히기

1. 다음은 기여 입학제와 관련된 어휘입니다. 보기에서 알맞은 것을 골라 대화를 완성해 보십시오.

보기
격차　계층　제도　재정　혜택　평등　자금　위화감

(1) A: 요즘 보면 잘사는 사람은 너무 잘살고 가난한 사람은 너무 가난하고 차이가 몹시 큰 것 같아.
B: 맞아. 경제가 발전할수록 더 빈부 간의 ________________ 이/가 점점 심해지는 것 같아.

(2) A: 내년부터 대학 입학시험이 새로워진다면서요? 학부모들의 걱정이 이만저만이 아니래요.
B: 그러게 말이에요. 우리 아이도 내년에 고3인데, 시험 ________________ 이/가 바뀌니 정말 걱정이 돼요.

(3) A: 요즘 민수 씨 사업은 잘되고 있나요? 돈이 필요하다고 들었는데 어떻게 해결했대요?
B: 제가 듣기로는 회사의 운영 ________________ 을/를 마련하기 위해 투자를 받았대요.

(4) A: 새로 오신 교장 선생님은 어떤 분이야?
B: 잘하든 못하든 원하는 학생들에게 기회가 똑같이 주어져야 한다고 기회의 ________________ 을/를 중요하게 생각하시는 분이야.

(5) A: 이 신용카드는 다른 카드에 비해서 어떤 점이 좋은가요?
B: 서점, 커피숍, 주유소 같은 데서 여러 가지 할인 ________________ 을/를 받으실 수 있습니다.

(6) A: 오랜만이에요. 통 얼굴을 못 봤네요. 요즘 많이 바쁘셨어요?
B: 봉사 활동을 시작해서 조금 바빴어요. 소외된 ________________ 을/를 위한 건데 거길 다녀오면 오히려 제 마음이 더 따뜻해지고 좋더라고요.

(7) A: 요즘 초등학생 아이들한테 100만 원짜리 책가방을 사 주는 부모들이 그렇게 많대요.
B: 100만 원요? 그게 말이 돼요? 그러니 아이들 사이에 얼마나 ________________ 이/가 조성되겠어요.

(8) A: 잡지 『사람과 삶』이 없어졌다는 말 들었어요?
B: 네. 사 보는 사람이 줄어서 ________________ 이/가 어려워지는 바람에 폐간할 수밖에 없었대요.

2. 다음을 읽고 알맞은 것을 고르십시오.

(1) 그는 미술의 기법을 연극에 (도입하고자, 수입하고자) 애쓰고 있습니다.

(2) 휘발유 가격이 (인상되면서, 인하되면서) 자동차 판매량이 늘고 있습니다.

(3) 미성년자에게 술과 담배를 파는 행위는 법에 (들어맞는, 어긋나는) 것입니다.

(4) 지나친 암기식 교육은 아이들의 창의력 계발을 (저해하게, 금지하게) 됩니다.

(5) 방송국은 방송 관계자가 아닌 외부인의 출입을 (허용하지, 불허하지) 않습니다.

(6) 어린 시절부터 품었던 꿈이 60세를 넘겨서야 비로소 (실현됐습니다, 실시됐습니다).

(7) 해마다 연말이 되면 술자리가 많아 경찰들이 음주 운전을 (편중, 집중) 단속합니다.

(8) 그 회사는 (경쟁력, 생활력)을 높이기 위해 여러 혁신적인 제도를 운영하고 있습니다.

(9) 사장은 직원들에게 이번 일만 잘되면 특별 성과금을 (보급하겠다고, 지급하겠다고) 약속했습니다.

(10) 교내 박물관에 가면 학교가 세계 최고의 (일류, 삼류) 대학이 될 수 있었던 과정을 한눈에 볼 수 있습니다.

memo

토론을 할 때 토론 주제에 대해 찬성 또는 반대하는 측으로 나뉘게 된다. 토론이 시작되면 찬성과 반대 양측은 먼저 자신이 토론 주제에 대해서 찬성하는지 반대하는지 자신의 입장을 표명하게 된다. 이때 일반적으로 찬성하는 측에서 먼저 발언을 하며 그다음에 반대하는 측이 발언을 한다.

표현	예문
저는 -ㄴ/는다는 주장에 대해서 찬성/반대입니다.	**저는** 국가의 발전을 위해서 강력한 법이 **필요하다는 주장에 대해서 찬성입니다.**
저는 -ㄴ/는다는 주장에 대해 강력하게 찬성/반대합니다.	**저는** 사교육을 활성화해야 **한다는 주장에 대해 강력하게 찬성합니다.**
저는 -ㄴ/는다는 주장에 대해 찬성/반대하는 바입니다.	**저는** 음악의 예술성보다 대중성이 **중요하다는 주장에 대해 반대하는 바입니다.**
저는 -ㄴ/는다는 주장에 찬성/반대하는 입장입니다.	**저는** 학교 곳곳에 CCTV를 설치하는 게 **바람직하다는 주장에 반대하는 입장입니다.**

예

다음은 '청소년의 다이어트'에 대한 내용입니다. 논제에 대한 자신의 입장을 표명해 보십시오.

논제: 다이어트는 청소년들에게 긍정적인 영향을 미친다.

입장	☑ **찬성**	□ **반대**
이유	음식을 절제하고 운동하면서 긍정적인 삶의 방식을 배우게 되고 이것이 학습에 긍정적인 영향을 미칠 수 있다.	다이어트에 신경 쓰다 보면 수업에 집중하지 못하고 학생으로서의 본분을 잊어버리는 경우도 있다.

⇩

저는 다이어트가 청소년들에게 긍정적인 영향을 미친다는 **주장에 찬성하는 입장입니다.** 아시다시피 다이어트는 하루아침에 되는 것이 아니지요. 음식을 절제하고 꾸준히 운동을 해야 하는데요. 이러한 생활을 통해서 긍정적인 삶의 방식을 배우게 되고 학습에도 긍정적인 영향을 미칠 수 있기 때문입니다.

tip

● 사회자가 토론을 진행할 때 사용하는 표현

- 지금부터 토론을 시작하겠습니다.
- 다음은 누가 말씀해 주시겠습니까?
- 또 다른 의견은 없으십니까?
- 찬성이나 반대 의견이 있으면 말씀해 주세요.
- 지금까지 논의한 것을 정리해 보면
- 이것으로 토론을 마치겠습니다.

연습 다음을 보고 찬성 또는 반대를 선택하고 자신의 입장을 표명해 보십시오.

1. '동물의 생명권'에 대한 내용입니다.

논제 : 동물의 권리를 보호하기 위해 동물원을 없애야 한다.		
입장	□ **찬성**	□ **반대**
이유	동물을 가둬 놓고 구경거리로 만드는 것은 동물의 생명을 무시하는 이기적인 행위이다.	동물원을 통해 멸종 위기에 처한 동물들을 보호할 수 있다.

2. '선의의 거짓말'에 대한 내용입니다.

논제 : 타인을 위해서 선의의 거짓말도 필요하다.		
입장	□ **찬성**	□ **반대**
이유	선의의 거짓말을 통해 다른 사람과 좋은 관계를 유지할 수 있으며 상대방에게 용기와 희망을 줄 수도 있다.	좋은 의도로 했다고 해도 상대방이 원하지 않는 것일 수 있고 오히려 더 부정적인 결과를 가져올 수 있다.

3. '연예인의 사생활'에 대한 내용입니다.

논제 : 연예인의 사생활은 보호되어야 한다.		
입장	□ **찬성**	□ **반대**
이유	연예인도 하나의 직업일 뿐이므로 노래, 연기 등의 연예 활동과 사생활은 별개이다.	연예인은 대중의 사랑과 관심 없이는 존재할 수 없다.

1. 한국인들은 기여 입학제에 대해 어떤 생각을 가지고 있을까요? 다음 자료를 참조하여 기여 입학제에 대한 한국인의 의식을 알아보십시오.

기여 입학제에 대한 의견 (단위: %)

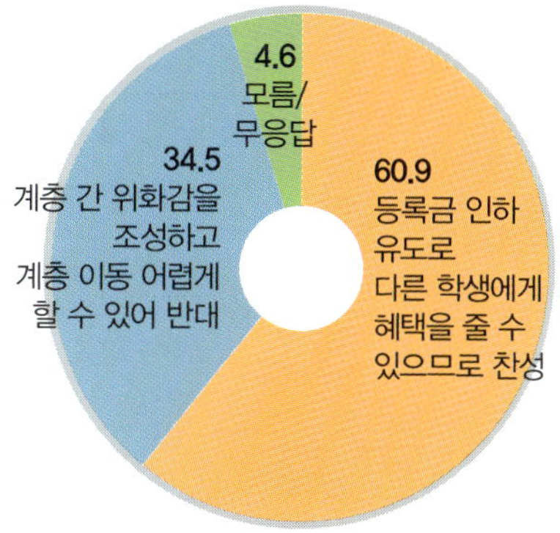

출처: 2011년 머니투데이 설문조사 결과

2. 다음은 기여 입학제에 대한 찬반 의견입니다. 각각의 주장하는 내용이 무엇인지 이야기해 보십시오.

(1) 찬성 입장

- 기여 입학제는 이미 많은 대학교에서 실시하고 있는 국가 유공자 자녀, 장애인 자녀 등을 위한 다양한 특별 전형 중 하나라고 볼 수 있다.
- 기여 입학제로 입학한 학생들의 기부금으로 등록금이 인하되고 장학금이 지급되어 그 혜택이 다른 많은 학생들에게 돌아갈 수 있다.
- 대학이 학문적으로 경쟁력을 가지기 위해서는 재정적 뒷받침이 필요한데 기여 입학제로 대학은 그러한 재정적 지원을 마련할 수 있다.

(2) 반대 입장

- 교육의 기회는 모든 사람에게 평등하게 주어져야 하며, 기여 입학제로 인해 돈이 많은 사람과 가난한 사람 간의 위화감이 조성될 수 있다.
- 기여 입학제로 들어온 학생과 실력으로 들어온 학생 간의 학습 능력의 차이로, 학생들의 학업 분위기를 망칠 수 있다.
- 일류 대학에 기여 입학자가 집중되어 비일류 대학과의 격차가 더 심해지고 교육의 편중이 더 심해질 것이다.

3. 다음 논제에 대한 자신의 입장을 표명하려고 합니다. 여러분의 입장을 정해 V표 하고 그 이유를 메모해 보십시오.

논제: 대학의 기여 입학제 도입을 허용해야 한다.	
입장	□찬성 □반대
이유	• • •

4. 위에서 조사한 내용을 바탕으로 '대학의 기여 입학제 도입을 허용해야 한다'는 논제에 대한 자신의 입장을 표명해 보십시오.

5. 토론에서 이야기한 내용을 바탕으로 대학의 기여 입학제 도입에 대한 자신의 입장을 정리해서 써 보십시오.

생각 넓히기

여러분은 대학 생활을 성공적으로 하기 위해 무엇을 해야 한다고 생각합니까? 성공적인 대학 생활을 위한 4년 동안의 계획을 간단하게 메모해 보고 이야기해 보십시오.

학년	계획
1	
2	
3	
4	

Q

1. 여러분은 한국 문화 중에서 어떤 것에 관심이 있습니까?
   왜 그 문화에 관심이 있습니까?

2. 여러분은 공연을 자주 보러 갑니까?
   지금까지 본 공연 중에서 가장 인상 깊었던 공연은 무엇입니까?

제3과
문화와 예술

【듣기】 한국의 문화유산

어휘 익히기 한국의 문화유산 관련 어휘
전략 익히기 시각 자료로 배경지식 활성화하기
듣기 문화유산의 아름다움에 대한 강의 듣기

【말하기】 무용

어휘 익히기 무용 관련 어휘
전략 익히기 시청각 자료 제시하며 설명하기
말하기 자국의 무용에 대해 발표하기

03 듣기

한국의 문화유산

준비하기

1. 다음의 세계 문화유산은 어떤 문화적 가치로 문화유산에 선정되었을까요? 문화유산에 대한 여러분의 생각을 이야기해 보십시오.

콜로세움
(Colosseum)

매사냥

그랜드 캐니언
(Grand Canyon)

2. 다음은 한국의 대표적인 문화유산입니다. 문화유산의 색, 형태, 재료, 전체적인 느낌 등에 대해 이야기해 보십시오.

초가집과 장독대

한복

상감청자

어휘 익히기

1. 다음은 한국의 문화유산과 관련된 어휘입니다.

(1) 잘 듣고 빈칸에 알맞은 어휘를 써 보십시오. 그리고 어휘의 의미를 추측해 보십시오. 14

① 한국의 수도, 서울은 전통과 현대가 함께 ______________ 도시입니다.

② 우리는 자연환경을 잘 지켜서 다음 세대에 ______________ 할 의무가 있습니다.

③ 어떤 예술 작품은 그 시대보다는 ______________에 가서 높은 평가를 받기도 합니다.

④ 경주는 천 년 전 유물과 유적지가 그대로 잘 ______________ 있는 역사 문화 도시입니다.

⑤ 이 절은 전쟁 때 불에 타서 없어졌다가 최근에 원래의 모습으로 ______________ 일반인들에게 공개되었습니다.

⑥ 문화유산은 넓은 의미에서 보면 눈에 보이는 유형의 것과 눈에 보이지 않는 ______________의 것으로 나눌 수 있습니다.

⑦ 역사적, 문화적 가치가 있는 ______________를 어떻게 잘 지켜 나갈 수 있을지에 대한 박물관 특강이 다음 주에 열린다고 합니다.

⑧ 이번 박람회에 가면 베트남의 아오자이(Ao dai), 스위스의 드린딜(Dirndl), 인도의 사리(Sari) 등 세계 각국의 ______________을 한자리에서 볼 수 있습니다.

(2) 다음은 (1)에서 들은 어휘의 의미입니다. 알맞은 어휘를 찾아 써 보십시오.

① 전하여 주다 ______________

② 함께 존재하다 ______________

③ 모양이 없는 것 ______________

④ 원래대로 회복되다 ______________

⑤ 잘 보호되고 남겨지다 ______________

⑥ 뒤에 오는 세대나 시대 ______________

⑦ 문화적 가치가 높은 사물 ______________

⑧ 예전부터 전해져 오는 옷 ______________

2. 밑줄 친 어휘와 의미가 같거나 유사한 어휘를 보기에서 찾아 써 보십시오.

보기			
경쾌하다	느슨하다	불룩하다	소박하다
연상되다	일정하다	우아하다	표현하다

(1) 노래를 부르며 걷는 발걸음이 무척 가벼워 보입니다.

( )

(2) 그 모델은 정말 아름답고 멋진 드레스를 입고 있었습니다.

( )

(3) 그 회사는 출근 시간과 퇴근 시간이 정해져 있지 않습니다.

( )

(4) 많은 사람들은 '기차' 하면 '여행'이 바로 생각난다고 합니다.

( )

(5) 이영수 씨는 답답한지 항상 넥타이를 늘어지게 매고 있습니다.

( )

(6) 그 소설은 나에게 무엇으로도 말할 수 없는 감동을 주었습니다.

( )

(7) 주머니에 뭐가 들어 있는지 바지 주머니가 앞으로 나와 있습니다.

( )

(8) 한국의 전통 도자기는 화려하게 꾸미지 않았다는 특징이 있습니다.

( )

강의를 들을 때 시각 자료를 활용하면 강의 내용을 보다 쉽게 이해할 수 있다. 특히 제시된 그림, 사진과 같은 시각 자료를 통해 알고 있는 정보와 지식을 적극적으로 활성화하면 강의 주제와 내용을 예측할 수 있고, 강의 내용 이해에도 도움을 받을 수 있다.

예

다음은 '거석문화'에 대한 내용입니다. 시각 자료를 보고 이야기해 보십시오. 15

영국의 '스톤헨지(Stonehenge)'

칠레 이스터 섬의 '모아이(Moai) 석상'

프랑스 카낙의 '멘히르(Menhir)'

여러분, 이 사진들을 봐 주세요. 첫 번째 사진은 여러분도 한 번쯤은 본 적이 있을 거예요. 네, 맞아요. 영국의 스톤헨지예요. 두 번째 사진도 유명한 문화유산이죠. 네, 칠레 이스터 섬에 있는 모아이 석상이에요. 그럼 다음 사진을 본 적이 있어요? 아, 네, 이 사진을 본 사람은 많지 않군요. 그런데 여러분, 이 돌들의 크기가 어떻습니까? 그리고 누가, 왜 이 돌들을 여기에 세워 놓았을까요?

연습 다음 제시된 시각 자료를 보고 여러분의 생각을 이야기해 보십시오.

1. '미술사'에 대한 내용입니다. 16

얀 스테인(Jan Steen)
〈뚱보들의 식탁〉

피터 브뤼겔(Pieter Bruegel)
〈농부들의 춤〉

김홍도
〈벼타작〉

2. '공상과학 영화'에 대한 내용입니다. 17

매트릭스 (1999)

마이너리티 리포트 (2002)

인셉션 (2010)

3. '세계 전통 가옥'에 대한 내용입니다. 18

몽골의 '게르(ger)'

미얀마 인레 호수의 '수상 가옥'

모로코 페스의 '황토집'

1. 다음 제시된 시각 자료를 보고 여러분의 생각을 이야기해 보십시오. 19

초가집의 지붕

한국 산 모습

2. 다음은 문화유산의 아름다움에 대한 강의입니다. 강의를 들으면서 필기해 보십시오. 20

- 한국 문화유산의 아름다움
  - 자연의 아름다움
- 한국 문화유산이 지닌 아름다운 곡선미

〈자료 1〉 금줄

〈자료 2〉 에밀레종

〈자료 3〉 백자 달 항아리

  - 금줄, 에밀레종, 백자 달 항아리: 부드러운 곡선
  - 생활용품, 액세서리에서도 ______
- 한국 문화유산의 곡선미에 대한 평가
  - 음악적 느낌, 경쾌하고 즐거운 느낌
  - 자연을 닮아서 ______
- 한복의 아름다움

〈자료 4〉 한복

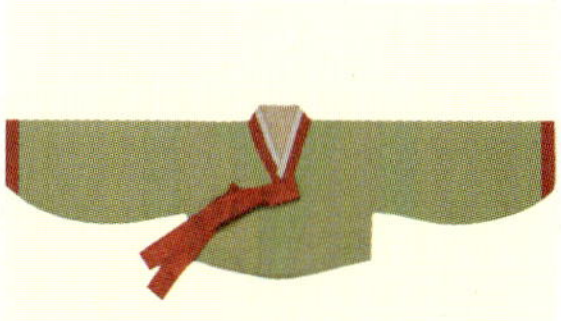
〈자료 5〉 저고리의 배래와 도련

  - 이유: 직선과 곡선이 어우러져 있는 ______

〈자료 6〉 버선

〈자료 7〉 한옥 추녀

〈자료 8〉 치마

- 한복 치마는 움직일 때마다 ______________________

3. 강의를 다시 듣고 물음에 답하십시오.

(1) 강의의 중심 내용은 무엇입니까?

① 한국과 일본의 문화유산을 비교하고 있다.

② 곡선의 아름다움으로 문화유산의 멋을 설명하고 있다.

③ 한옥을 통해 한국 문화유산의 아름다움을 말하고 있다.

(2) 사진 자료에 나타난 문화유산의 아름다움에 대한 설명으로 맞지 않는 것은 무엇입니까?

① 음악적인 느낌과 멋을 느낄 수 있다.

② 곡선과 직선이 잘 어우러져 있어 멋스럽다.

③ 멋있는 곡선의 아름다움이 느껴지나 세련미는 부족하다.

(3) 들은 내용과 같은 것은 무엇입니까?

① 〈자료 1〉의 금줄은 아기가 병에 걸렸을 때 걸어놓는 것이다.

② 〈자료 2〉의 전통 종은 아래로 내려갈수록 벌어지는 특징이 있다.

③ 〈자료 3〉에서 볼 수 있는 곡선미는 생활용품에서도 찾아볼 수 있다.

(4) 전통 의상인 한복의 아름다움에 대한 설명으로 맞지 않는 것은 무엇입니까?

① 우아한 아름다움이 있다.

② 한복 치마는 도자기의 모양과 비슷하다.

③ 몸의 움직임과 관계없이 일정한 형태가 있다.

생각 넓히기

여러분 나라의 문화유산이 지닌 아름다움은 어떻게 표현할 수 있습니까? 대표적인 문화유산이나 구체적인 사물을 통해서 설명해 보십시오.

문화유산의 아름다움	대표적인 문화유산, 구체적인 사물

03 말하기

무용

준비하기

1. 사람들은 왜 춤을 출까요? 춤을 추는 이유라고 생각하는 것에 V표 하고 이야기해 보십시오.

- ☐ 이성에게 관심이나 사랑을 표현한다.
- ☐ 명절이나 축제 등을 축하하고 분위기를 돋운다.
- ☐ 전쟁이나 운동 경기에서 이길 수 있도록 응원한다.
- ☐ 공동체 의식을 높이고 사람들과 하나가 되게 한다.
- ☐ 운동을 대신해서 몸을 움직이고 신체 기능을 활발하게 한다.

2. 다음은 다양한 국가의 춤입니다. 여러분이 본 적이 있거나 보고 싶은 춤은 무엇입니까? 이야기해 보십시오.

발레(ballet)

왈츠(waltz)

탱고(tango)

ㄱㄴㄷ 어휘 익히기

1. 다음은 무용과 관련된 어휘입니다. 보기에서 알맞은 것을 골라 대화를 완성해 보십시오.

보기
도약　동작　기교　몸통　박자　발끝　안무　자세

(1) A: 태권도 경기 때는 머리에 헬멧을 쓰지?
B: 응. 그리고 가슴하고 배 부분이 다치지 않게 ______________에 보호대도 꼭 해야 돼.

(2) A: 선생님, 제가 요즘 책상에 앉아서 공부하는 시간이 많아서 그런지 허리가 너무 아파요.
B: 공부할 때 허리를 구부리지 말고 바른 ______________(으)로 앉아야 돼요.

(3) A: 탈춤을 한번 배워 보고 싶은데 어떻게 추는지 좀 알려 줄 수 있어요?
B: 그럼요. 기본 ______________ 중에 하나는 이렇게 팔을 머리부터 허리까지 S자를 그리면서 내리는 거예요.

(4) A: 김 기자, 최근 유지호 씨가 국립발레단의 최연소 수석 무용수가 돼서 화제가 되고 있다면서요?
B: 네. 유지호 씨는 힘찬 ______________와/과 날아오르는 듯한 점프 실력이 최고죠.

(5) A: 혹시 왈츠 출 줄 알아요?
B: 네. 남자하고 여자가 같이 이렇게 하나, 둘, 셋, 하나, 둘, 셋, ______________에 맞춰서 추는 거 아니에요?

(6) A: 이번에 나온 무용가 박소이 공연 봤어? 춤 진짜 멋있더라.
B: 응. 나도 봤어. 그 사람이 직접 ______________을/를 짜서 그런지 자신감도 있어 보이고 멋있더라.

(7) A: 발레리나 김수진 발 봤어? 무대 위에서는 그렇게 아름다웠는데 발을 보니까 굳은살에 상처가 가득하더라고.
B: 그만큼 노력했다는 거겠지. 발레 할 때 ______________(으)로 서서 춤추잖아.

(8) A: 박지영 기자, 이번에 피아니스트 이고은 씨의 새 음반이 나왔다고요?
B: 네. 이번 음반에서도 이고은 씨의 화려한 ______________와/과 뛰어난 기술을 엿볼 수 있습니다.

2. 다음을 읽고 알맞은 것을 골라 보십시오.

(1) 지구는 태양을 중심으로 돌면서 하루에 한 번씩 360도 (회상합니다, 회전합니다).

(2) 그 가수는 빠른 음악에 맞춰 (격렬한, 치열한) 춤을 추면서도 노래를 잘 불렀습니다.

(3) 뮤지컬은 음악, 노래, 연기, 춤 등이 제각각이 아니라 한데 (어우러져야, 흐트러져야) 합니다.

(4) 운동하기 전에 먼저 스트레칭으로 뻣뻣한 몸을 (여유롭게, 유연하게) 해야 부상을 막을 수 있습니다.

(5) 그 영화감독은 화려한 색깔의 소품을 활용하여 독특한 장면을 (연기하는, 연출하는) 것으로 유명합니다.

(6) 현대 무용의 특징 중의 하나는 무대에서 그때그때 느끼는 대로 (즉흥적인, 체계적인) 춤을 출 수 있다는 것입니다.

(7) 훌륭한 드라마 작가로 평가받으려면 기존의 드라마에서 다루지 않은 새로운 이야기를 (모방해야, 창작해야) 합니다.

(8) 이번 주말에 서울 시청 앞에서 남녀노소 누구나 신나게 즐길 수 있는 (흥겨운, 눈물겨운) 음악 축제가 펼쳐집니다.

(9) 이번 달 마지막 주 수요일에 덕수궁에서 다채로운 음악을 (감상할, 예상할) 수 있는 무료 음악회가 개최된다고 합니다.

(10) 새벽에 시장에 갔는데 사람들의 밝은 표정과 분주한 움직임, (활기찬, 힘겨운) 목소리에서 생명력을 느낄 수 있었습니다.

전략 익히기

시청각 자료 제시하며 설명하기

발표할 때 시청각 자료를 적절하게 활용하면 내용을 효과적으로 전달할 수 있다. 특히 시청각 자료를 제시하면서 설명하면 듣는 사람이 흥미를 느낄 수 있고 내용을 보다 쉽게 이해할 수 있다. 시청각 자료에는 사진, 그림, 지도, PPT 슬라이드, 노래, 라디오, 드라마, 영화, 동영상 등이 있다.

표현	예문
○에서 보시다시피, 들으셨다시피	이 **사진에서 보시다시피** 저희 극장은 수준 높은 무대 시설을 갖추고 있습니다.
○에서 알 수 있듯이	이 **노래에서 알 수 있듯이** 지하철, 커피와 같은 일상적인 소재로도 가사를 쓸 수 있습니다.
○을/를 봐 주시기 바랍니다.	제가 말씀드린 것을 다시 확인하시려면 여기 이 PPT **슬라이드를 봐 주시기 바랍니다.**
○을/를 보시면 ○을/를 알 수 있습니다.	이 **동영상을 보시면** 한국인들이 가장 즐겨 보는 공연이 **무엇인지를 알 수 있습니다.**

예

다음은 '발레'에 대한 내용입니다. 시청각 자료를 제시하며 설명해 보십시오.

	자료	내용
사진		발레에서는 토슈즈(toeshoes)를 신고 발끝으로 서서 움직인다.
그림		발레의 기본 동작 포르 드 브라(port de bras)는 몸통을 고정시키고 팔과 다리만 움직인다.

⇩

이 **사진에서 보시다시피** 발레에서는 토슈즈를 신고 발끝으로 서서 움직입니다. 그리고 이 **그림을 봐 주시기 바랍니다.** 발레의 기본 동작 포르 드 브라(port de bras)는 몸통을 고정시키고 팔과 다리만 움직입니다.

연습 다음을 보고 시청각 자료를 제시하며 설명해 보십시오.

1. '한국 가요와 가수'에 대한 내용입니다.

	자료	내용
노래	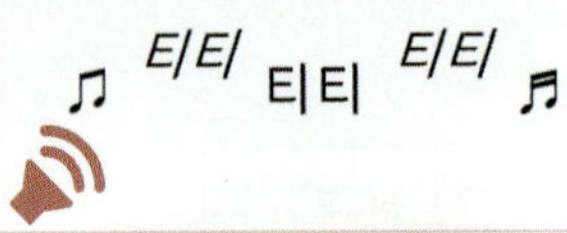	최근 유행하는 노래들은 단순한 리듬과 가사가 여러 번 나온다는 특징이 있다.
사진		최근 한국에서 인기를 끄는 가수들은 일본, 태국, 중국 등 국적이 다양하다는 특징이 있다.

2. '소나무'에 대한 내용입니다.

	자료	내용
사진		소나무는 사계절 내내 잎이 푸른 상록수이다.
PPT 슬라이드	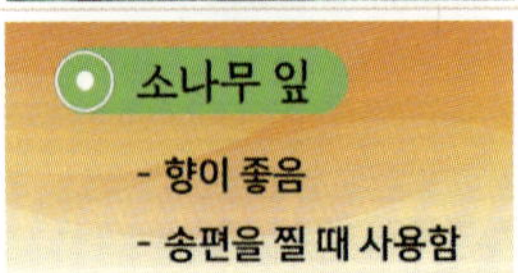	소나무 잎은 향이 좋으며, 송편을 찔 때 사용한다.

3. '줄다리기'에 대한 내용입니다.

	자료	내용
동영상		줄다리기는 두 팀이 서로 줄을 잡고 당기다가 자기 팀 쪽으로 줄을 더 당기면 이기는 놀이이다.
사진		줄다리기는 체육대회나 지역 축제에서 주로 하는데 누구나 즐길 수 있는 놀이이다.

말하기

자국의 무용에 대해 발표하기

1. 다음은 부채춤에 대해 소개하는 발표 자료입니다. 부채춤의 특징은 무엇인지 이야기해 보십시오.

의상

도구

동작

기타(유래, 인원 등)

2. 여러분 나라의 무용을 하나 정해 그 무용에 대해 소개하려고 합니다. 어떤 무용에 대해 발표하고 싶습니까? 그 무용의 특징은 무엇입니까? 조사하고 메모해 보십시오.

무용 이름		
무용의 특징	의상	
	도구	
	동작	
	________	

3. 여러분 나라의 무용에 대해 발표할 때 어떤 시청각 자료를 제시하면 내용을 효과적으로 전달할 수 있을지 메모해 보십시오.

<table>
<tr><td>처음</td><td colspan="2"></td></tr>
<tr><td rowspan="4">중간
(무용의
특징)</td><td></td><td>• 자료:
• 내용:</td></tr>
<tr><td></td><td>• 자료:
• 내용:</td></tr>
<tr><td></td><td>• 자료:
• 내용:</td></tr>
<tr><td></td><td>• 자료:
• 내용:</td></tr>
<tr><td>끝</td><td colspan="2"></td></tr>
</table>

4. 조사한 내용을 바탕으로 시청각 자료를 제시하며 발표해 보십시오.

5. 다른 사람들의 발표는 어땠습니까? 어떤 점이 좋았습니까? 그리고 새롭게 알게 된 점은 무엇입니까?

생각 넓히기

여러분 나라에서는 무용 공연을 찾는 관객이 많은 편입니까? 무용이 많은 사람들의 관심과 사랑을 받기 위해서는 어떤 노력이 필요할까요? 메모하고 이야기해 보십시오.

무용이 인기가 없는 이유	• • •
무용이 관객의 사랑을 받기 위한 노력	• • •

Q

1. 여러분은 다른 사람의 마음이나 생각을 알고 싶습니까?
   어떻게 다른 사람의 마음이나 생각을 알 수 있을 것 같습니까?

2. 여러분은 '심리' 하면 어떤 생각이 듭니까?
   심리학에서는 무엇을 연구할 것 같습니까?

제4과
심리와 성격

【듣기】 행동과 심리

어휘 익히기	행동주의 심리학 관련 어휘
전략 익히기	내용에 맞게 계층적으로 필기하기
듣기	행동주의 심리학에 대한 강의 듣기

【말하기】 성격 형성

어휘 익히기	성격 형성 관련 어휘
전략 익히기	주장의 근거 제시하기
말하기	성격 결정론에 대해 토론하기 (주장과 근거 말하기)

04
듣기

행동과 심리

준비하기

1. 다음은 인간의 심리에 대한 연구 결과입니다. 여러분이 동의하는 것에 V표 하고 왜 그렇게 생각하는지 이야기해 보십시오.

- ☐ 남자보다 여자가 사람들의 얼굴을 더 잘 기억한다.
- ☐ 사람들은 재미있는 일을 할 때 시간이 빠르게 지나간다고 느낀다.
- ☐ 사람들은 행복해서 웃기도 하고 웃어서 행복하다고 느끼기도 한다.
- ☐ 10시간씩 2일 공부하는 것보다 2시간씩 10일 공부하는 것이 더 효과적이다.
- ☐ 사람들은 자기가 상황을 통제할 수 없고 선택의 여지가 없다고 느끼면 무기력해진다.

2. 다음은 파블로프(Ivan Petrovich Pavlov)의 실험 내용입니다.

(1) 그림을 보고 질문에 답해 보십시오.

①

개에게 먹이를 보여 주면
개는 어떤 반응을 보이겠습니까?

②

개에게 먹이를 줄 때마다
종을 울리면 개는 어떤 반응을
보이겠습니까?

③

개에게 먹이를 주지 않고
종을 울리면 개는 어떤 반응을
보이겠습니까?

(2) 이 실험은 무엇을 알아내기 위한 실험인 것 같습니까?

어휘 익히기

1. 다음은 행동주의 심리학과 관련된 어휘입니다.

(1) 잘 듣고 빈칸에 알맞은 어휘를 써 보십시오. 그리고 어휘의 의미를 추측해 보십시오. 21

① 잘못된 행동에 대한 지나친 ________________은 교육적으로 효과적이지 않습니다.

② 인간의 행동은 자신의 주변 상황이나 조건 등 ________________에 영향을 받습니다.

③ 타인의 행동을 평가할 때는 그렇게 하게 된 ________________를 먼저 살펴봐야 합니다.

④ 교사는 학생이 열심히 공부한 것에 대한 ________________으로 상을 주거나 칭찬을 합니다.

⑤ 그 과학자는 식물의 변화를 자세히 살펴보면서 ________________ 결과를 기록하고 있습니다.

⑥ 그 학생은 열심히 공부하는 친구에게 ________________을 받아서 밤을 새우며 공부했습니다.

⑦ 배운 내용에 대한 ________________의 효과를 높이기 위해서는 수업 후에 복습을 하는 것이 좋습니다.

⑧ 스위스의 심리학자 피아제(Jean Piaget)의 인지 발달 ________________은 아동의 인지 발달 단계를 설명하고 있습니다.

(2) 다음은 (1)에서 들은 어휘의 의미입니다. 알맞은 어휘를 찾아 써 보십시오.

① 배워서 익힘 ________________

② 행동을 하는 원인 ________________

③ 잘못한 것에 대한 벌 ________________

④ 일이나 노력에 대한 대가 ________________

⑤ 반응이 일어나게 하는 것 ________________

⑥ 자연적 조건이나 사회적 상황 ________________

⑦ 물건이나 현상을 자세히 살펴봄 ________________

⑧ 체계나 지식을 밝히기 위한 주장 ________________

2. 다음을 듣고 물음에 답하십시오.

(1) 들은 어휘에 V표 해 보십시오. 그리고 어휘의 의미를 추측해 보십시오. 22

☐ 구별되다	☐ 강화하다
☐ 발전되다	☐ 반복하다
☐ 약화되다	☐ 제한하다
☐ 활용되다	☐ 확립하다

(2) 다음은 (1)의 어휘와 의미가 비슷한 어휘입니다. 알맞은 어휘를 (1)에서 찾아 써 보십시오.

① 쓰이다, 이용되다, 사용되다 ____________

② 세우다, 만들다, 바르게 하다 ____________

③ 높이다, 키우다, 강하게 하다 ____________

④ 좋아지다, 나아가다, 전개되다 ____________

⑤ 약해지다, 작아지다, 낮아지다 ____________

⑥ 갈리다, 구분되다, 차이가 나다 ____________

⑦ 막다, 정하다, 넘지 못하게 하다 ____________

⑧ 되풀이하다, 자꾸 하다, 여러 번 하다 ____________

내용에 맞게 계층적으로 필기하면 들은 내용의 구조를 쉽게 파악할 수 있다. 예를 들어 상위의 제목에는 로마 숫자(I, II, III 등)를, 하위의 구체적인 내용에는 아라비아 숫자(1, 2, 3 등)를 사용할 수 있다. 그리고 이때 하위 내용은 오른쪽으로 순차적으로 들여 쓴다.

Ⅰ.
  1.
    (1)
    (2)
Ⅱ.
  1.
    (1)
    (2)
	Ⅰ.
	  A.
	    a.
	    b.
	Ⅱ.
	  A.
	    a.
	    b.
		1.
		  1.1.
		    1.1.1.
		    1.1.2.
		2.
		  2.1.
		    2.1.1.
		    2.1.2.
			1.
			  •
			    –
			    –
			2.
			  •
			    –
			    –

예

다음은 '세종대왕의 업적'에 대한 내용입니다. 내용에 맞게 계층적으로 필기해 보십시오. 23

자, 오늘은 조선 시대 가장 훌륭한 왕으로 평가받는 세종대왕의 업적을 살펴볼까요? 네, 여러분도 알다시피 세종대왕은 누구나 글을 읽고 쓸 수 있도록 훈민정음을 만들었어요. 그뿐만 아니라 과학 발달에 힘써서 해로 시간을 알 수 있는 해시계와 비의 양을 측정하는 측우기도 발명했어요.

⇩

Ⅰ. 세종대왕의 업적
  1. 훈민정음을 만듦
  2. 해시계, 측우기를 발명함

연습 다음을 듣고 내용에 맞게 계층적으로 필기해 보십시오.

1. '성취동기'에 대한 내용입니다. 24

I. 성취동기의 정의
- 어떤 일을 해내고 완성하려는 동기
- ____________________이 실패에 대한 두려움보다 큰 것

2. '이성 교제'에 대한 내용입니다. 25

1. 이성 교제의 긍정적 역할

1.1. ____________________이 넓어짐

1.2. ____________________

1.3. 다양한 경험을 할 수 있음

3. '플라시보 효과와 노시보 효과'에 대한 내용입니다. 26

I. 플라시보(placebo) 효과

____________________라는 뜻의 라틴어에서 유래됨

____________________ 긍정적인 결과가 나타남

a. 예) 엄마 손은 약손

II. 노시보(nocebo) 효과

A. 나빠질 거라는 믿음 때문에 ____________________

1. 다음은 행동주의 심리학에 대한 강의입니다. 강의를 들으면서 계층적으로 필기해 보십시오. 27

<복습> 심리학

1. 정의: 인간의 행동, 정신 과정을 연구하는 학문

2. 학파: 구조주의, 기능주의, 형태주의, 행동주의 등

I. ________________________

1. 대표 학자: 왓슨(John Broadus Watson)

2. 연구 대상: ________________________

3. 인간 행동: 자극 + 반응

II. 신행동주의 심리학

________________ : 스키너(Burrhus Frederic Skinner)

________________________________ + 반응

3. 주요 개념: __________

________________________ 원하는 행동을 더 많이 하게 함

(2) 예: 선물을 주거나 칭찬을 하면 아이가 착한 행동을 더 많이 함

III. 행동주의 심리학에 대한 평가

1. ________________________

2. 학습 이론에 적용됨

3. 과학적인 연구 방식을 확립하는 데 기여함

2. 강의를 다시 듣고 물음에 답하십시오.

(1) 초기 행동주의 심리학의 연구 주제로 알맞은 것은 무엇입니까?

① 사람들은 생각하는 대로 행동하는가?

② 동물도 인간처럼 의사소통을 하는가?

③ 자극과 반응 사이에 어떤 관계가 있는가?

(2) 초기 행동주의 심리학에 대한 설명으로 맞지 <u>않는</u> 것은 무엇입니까?

① 20세기 초에 왓슨에 의해 시작되었다.

② 스키너에 의해 신행동주의로 발전했다.

③ 1960년에 심리학 이론으로 자리 잡았다.

(3) 학습 이론에 적용된 행동주의 심리학의 개념은 무엇입니까?

① 보상과 강화

② 동기와 자극

③ 습관과 반응

(4) 행동주의 심리학에 대한 설명으로 맞는 것은 무엇입니까?

① 심리학에서 가장 중요한 학파이다.

② 관찰이나 실험을 통해 이론을 검증했다.

③ 눈에 보이지 않는 인지 과정을 관찰하고자 했다.

생각 넓히기

여러분은 칭찬과 관련된 책을 읽어 본 적이 있습니까? 다음은 칭찬이 사람의 행동에 영향을 미칠 수 있다고 주장하는 책의 표지입니다. 책의 표지를 보고 어떤 내용이 있을지 추측하여 이야기해 보십시오.

04 말하기

성격 형성

준비하기

1. 다음은 성격을 측정하는 MBTI(Myers-Briggs Type Indicator)의 일부입니다. 여러분은 두 가지 중에서 어느 쪽에 더 가까운지 표시하고 이유를 이야기해 보십시오.

MBTI

(1) □ 조용하고 신중하다.
□ 사교적이고 활동적이다.

(2) □ 직관적이고 미래지향적이다.
□ 경험을 중시하며 현재에 충실하다.

(3) □ 객관적이고 논리적이다.
□ 주관적이고 상황 중심적이다.

(4) □ 자율적이고 융통성 있다.
□ 계획적이고 규범을 중시한다.

ISTJ 세상의 소금형	ISFJ 임금 뒷편의 권력형	INFJ 예언자형	INTJ 과학자형
ISTP 백과사전형	ISFP 성인군자형	INFP 잔다르크형	INTP 아이디어 뱅크형
ESTP 수완 좋은 활동가형	ESFP 사교적인 유형	ENFP 스파크형	ENTP 발명가형
ESTJ 사업가형	ESFJ 친선도모형	ENFJ 언변능숙형	ENTJ 지도자형

2. 다음은 성격 형성에 영향을 미치는 요인들입니다. 여러분의 성격 형성에 영향을 미쳤다고 생각하는 것 세 가지를 골라 V표 하십시오. 그리고 그렇게 생각하는 이유를 이야기해 보십시오.

□ 종교　　□ 혈액형　　□ 교우 관계
□ 사회 분위기　　□ 체질과 체형　　□ 부모와의 관계
□ 가정의 경제적 환경　　□ 형제의 수 및 출생 순위　　□ 부모의 양육 방법 및 태도

어휘 익히기

1. 다음은 성격 형성과 관련된 어휘입니다. 보기에서 알맞은 것을 골라 대화를 완성해 보십시오.

보기							
낙천적	본능적	유전적	이기적	의식적	잠재적	충동적	후천적

(1) A: 룸메이트가 어제도 청소를 안 했지 뭐야. 그냥 다른 데로 이사가 버리려고.
B: 잠깐만. 그렇게 ______________으로 결정하지 말고 잘 생각해 봐.

(2) A: 아직 겉으로 드러나지 않은 아이의 ______________인 능력은 어떻게 개발해 줄 수 있을까요?
B: 다양한 경험을 하면서 자신의 재능과 적성을 찾아 줘야 하지 않을까요?

(3) A: 외동으로 자란 아이들은 자기중심적이고 ______________인 경우가 많은 것 같아.
B: 그런 사람도 있지만, 외동이더라도 다른 사람을 먼저 배려하고 사려 깊은 사람도 많아.

(4) A: 새로 오신 선생님은 어때?
B: 유쾌하고 ______________인 것 같아. 수업 시간에도 항상 미소짓고 계셔.

(5) A: 지진이 났을 때 어떻게 대처하셨나요?
B: 갑자기 건물이 흔들려 저도 모르게 ______________으로 바닥에 엎드렸던 것 같아요.

(6) A: 사교성은 타고나는 걸까요?
B: 사교성은 선천적으로 타고날 수도 있지만, 어릴 때 놀던 친구들에게 영향을 받아 ______________으로 생기기도 하는 것 같아.

(7) A: 요즘 남편이 머리카락이 빠져서 걱정하는 것 같아요.
B: 혹시 시아버지도 머리카락이 빠지세요? 탈모는 부모한테서 물려받아서 ______________인 것 때문에 생기는 경우가 많대요.

(8) A: 무슨 좋은 일 있어? 아까부터 계속 웃고 있네.
B: 어제 텔레비전에서 봤는데, 웃을 일이 없더라도 ______________으로 자꾸 웃으면 기분이 더 좋아진대. 그래서 어제부터 계속 웃으려고 노력하는 중이야.

2. 다음을 읽고 알맞은 것을 골라 보십시오.

(1) 노사가 조금씩 양보해서 이번 문제는 (원만하게, 활발하게) 해결되었습니다.

(2) 첫째 아이들은 부모의 기대에 (부응하기, 저버리기) 위해 노력하는 경향이 있습니다.

(3) 환경을 오염시키는 일회용 제품의 사용을 (방치해야, 자제해야) 합니다.

(4) 사람은 사춘기를 (거치며, 스치며) 신체뿐 아니라 정신적으로도 성장해 나갑니다.

(5) 새로운 사람을 만났을 때 공통 관심사를 이야기하면 쉽게 공감대를 (결정할, 형성할) 수 있습니다.

(6) 저는 (꼼꼼한, 덜렁대는) 성격 탓에 자주 우산을 잃어버립니다. 어제도 우산을 학교에 두고 왔습니다.

(7) 토론할 때 사회자는 어느 한쪽 의견으로만 (치우치지, 치중하지) 말고 양쪽의 의견을 듣고 내용을 정리해야 합니다.

(8) 백화점 직원으로 일하면서 가장 힘들었던 것은 요구 사항이 많은 (털털한, 까다로운) 고객을 상대하는 것이었습니다.

(9) 학습 능력의 향상을 위해 잠을 충분히 자야 합니다. 수면 장애는 학습 능력에 부정적인 영향을 (미친다고, 받는다고) 합니다.

(10) 어제 날씨는 정말 (일관됐습니다, 변덕스러웠습니다). 아침에는 맑았는데 오후에 갑자기 비가 내리더니 밤에는 바람이 불었습니다.

memo

자신의 의견을 주장할 때 객관적인 근거를 제시하면 설득력을 높일 수 있다. 근거 자료는 신문기사, 뉴스 등과 같은 보도 자료, 전문 기관의 자료, 관련 연구 결과 등에서 찾을 수 있으며, 근거를 제시할 때는 출처를 반드시 밝혀야 한다.

표현	예문
○에 따르면	지난주 수요일 이화일보 사회면 **기사에 따르면** 아버지와 대화를 많이 한 아이가 창의력이 높다고 합니다.
○에 의하면	통계청 **자료에 의하면** 10년 전에 비하여 한국의 노인 인구가 20% 증가했다고 합니다.
-(으)ㄴ 바에 의하면	김이현 교수가 **연구한 바에 의하면** 게임을 많이 한 아이들은 다른 아이들에 비해 공감 능력이 현저히 떨어지는 것으로 나타났습니다.
경험에 비추어 보면	제 **경험에 비추어 보면** 성인이 되고 난 이후의 기억보다는 어린 시절 기억이 더 오래 가는 것 같습니다.

예

다음은 '성격'에 대한 내용입니다. 주장의 근거를 제시해 보십시오.

주장	성격은 바꿀 수 있다.
근거	(1) 출처: 행동주의 심리학자 왓슨(John Broadus Watson) 내용: 아이는 훈련과 교육에 의해 부모가 원하는 사람으로 키울 수 있다. (2) 출처: 나의 경험 내용: 중학생 때까지는 내성적이었는데, 고등학교 때 활발한 친구들과 어울리며 외향적이고 적극적인 성격으로 바뀌었다.

⇩

저는 성격은 얼마든지 바꿀 수 있다고 생각합니다. 행동주의 심리학자 왓슨(John Broadus Watson)**에 의하면** 아이는 훈련과 교육에 의해 얼마든지 부모가 원하는 사람으로 키울 수 있다고 했습니다. 그리고 제 **경험에 비추어 보면** 저는 중학생 때까지는 내성적이었지만 고등학생 때 활발한 친구들과 어울리며 외향적이고 적극적인 성격으로 바뀌었습니다.

연습 다음을 보고 주장의 근거를 제시해 보십시오.

1. '건강'에 대한 내용입니다.

주장	건강을 지키기 위해 아침을 거르면 안 된다.
근거	(1) 출처: 한국대 이진호 교수팀의 연구 결과 내용: 아침을 먹은 사람이 먹지 않은 사람보다 면역력과 소화 기능이 좋았다. (2) 출처: 나의 경험 내용: 일주일 간 아침을 먹지 않았을 때 속이 쓰리고 배탈이 났다.

2. '스마트폰 사용'에 대한 내용입니다.

주장	아이의 스마트폰 사용 시간을 제한해야 한다.
근거	(1) 출처: 어제 EBC 뉴스 보도 내용: 스마트폰 사용으로 시력이 나빠진 아이들이 크게 늘고 있다. (2) 출처: 건강 병원 신경정신과 김민희 교수 인터뷰 내용: 스마트폰 사용이 잦으면 좌뇌만 사용하게 되어 우뇌의 기능이 약화된다.

3. '환경 보호'에 대한 내용입니다.

주장	환경 보호를 위해 일회용 비닐 봉투 사용을 줄여야 한다.
근거	(1) 출처: 환경 단체 '그린피스' 내용: 비닐이 썩는 데 100년 이상이 걸린다. (2) 출처: 환경부 발표 내용: 다 쓴 비닐 봉투 소각으로 인해 이산화탄소가 다량 배출된다.

1. 여러분은 유전적 요인에 의해 선천적으로 성격이 결정된다고 생각합니까, 아니면 환경적 요인에 의해 후천적으로 결정된다고 생각합니까? 다음 주장에 대해 어떻게 생각하는지 이야기해 보십시오.

"성격은 환경적인 요인보다 유전적인 요인에 의해 더 많은 영향을 받는다. 그러므로 선천적으로 타고난 성격은 바꾸기 어렵다."

2. 다음은 성격 형성에 대한 연구 사례와 의견입니다. 성격 결정론에 찬성하는 것인지, 반대하는 것인지 골라 보십시오.

(1) EBC 방송국에서 방영된 '성격의 비밀'이라는 다큐멘터리에서 한국 청소년 쌍둥이 719쌍을 대상으로 화를 내는 기질에 대해 조사한 결과, 일란성 쌍둥이가 이란성 쌍둥이에 비해 기질적으로 유사한 것으로 나타났다.

□ **찬성** □ **반대**

(2) 부모의 자녀 양육 유형을 연구한 미국의 심리학자 다이애나 바움린드(Diana Baumrind)는 부모의 양육 방식이 유아의 행동에 결정적인 영향을 미친다고 주장했다. 그러므로 부모가 자율적인 태도를 보이면 자녀는 능동적이고 독립적으로 크고 권위적인 태도를 보이면 반항적으로 크게 된다고 했다.

□ **찬성** □ **반대**

(3) 일본의 노미 도시타카는 『혈액형이 당신의 모든 것을 결정한다』라는 책에서 혈액형이 성격을 결정한다고 주장했다. 이 책에 의하면 A형은 책임감이 강하고, B형은 외향적이고 창의적이라고 한다. 또한 O형은 추진력과 리더십이 강하며, AB형은 객관적이고 합리적이라고 한다.

□ **찬성** □ **반대**

(4) 미국의 사회복지가인 헬렌 켈러(Helen Adams Keller)는 어릴 때 중병에 걸려 눈이 보이지 않고 귀도 들리지 않고 말도 하지 못하는 고통을 겪게 되었다. 그로 인해 밝고 활달했던 헬렌 켈러는 마음에 들지 않으면 주위의 물건을 집어던지고 제멋대로인 아이가 되었다. 그런 헬렌 켈러를 바꿔 준 사람은 앤 설리반(Anne Sullivan) 선생님이었다. 앤 설리반 선생님을 통해 헬렌 켈러는 의사소통하는 방법뿐 아니라 인내심과 사랑을 배울 수 있었다.

□찬성 **□반대**

3. 다음 논제에 대한 주장과 근거를 말하려고 합니다. 여러분의 입장을 정해 V표 하고 자신의 입장에 따른 근거를 메모해 보십시오.

논제: 성격은 유전적 요인에 의해 선천적으로 결정된다.		
자신의 입장	**□찬성** **□반대**	
근거	출처 내용	
	출처 내용	
	출처 내용	

4. '유전적 요인이 성격을 결정한다'는 논제에 대한 여러분의 주장을 근거를 제시하며 이야기해 보십시오.

5. 지금까지 이야기한 내용을 바탕으로 성격 형성에 영향을 미치는 요인에 대한 자신의 주장을 정리해서 써 보십시오.

생각 넓히기

1. 다음은 20세기 천재 화가로 평가받고 있는 파블로 피카소(Pablo Ruiz Picasso)에 대한 설명입니다. 예술적 재능은 선천적으로 타고난다고 생각하는지, 아니면 후천적 노력이 더 중요하다고 생각하는지에 대해 친구들과 이야기해 보십시오.

파블로 피카소(1881~1973)

- 미술 교사였던 아버지로부터 재능을 물려받아 어렸을 때부터 그림을 그리기 시작했다.
- 학교에서는 졸업이 어려울 정도로 학습 능력이 저조했지만 그림을 그리는 데에는 뛰어난 재능을 지니고 있었다.

- 르누아르(Pierre-Auguste Renoir), 뭉크(Edvard Munch) 등의 화법에 매료되어 이를 습득하려고 노력했다.
- 피카소는 끊임없이 발전하며 새로운 작품을 그리고자 했다. 그래서 초기와 후기의 작품은 매우 다른 특징을 가진다는 평가를 받는다.

〈비극〉(1903)

〈게르니카〉(1937)

Q

1. 여러분 나라에서 즐겨 하는 운동은 무엇입니까?
   왜 그 운동을 즐겨 하는 것 같습니까?

2. 여러분은 운동 이외에 건강을 위해 어떤 것을 하고 있습니까?
   어떤 효과가 있다고 생각합니까?

제5과

운동과 식생활

【듣기】 운동의 동작

어휘 익히기	운동 동작 관련 어휘
전략 익히기	화제 전환에 따른 강의 내용 파악하기
듣기	운동 기능에 따른 지도 방법에 대한 강의 듣기

【말하기】 바람직한 식생활

어휘 익히기	식생활 관련 어휘
전략 익히기	강조해서 말하기
말하기	바람직한 식생활에 대해 발표하기

05
듣기

운동의 동작

준비하기

1. 다음 사진을 보고 어떤 운동인지, 그 운동에서 무엇을 하는 동작인지 이야기해 보고 그 동작에 알맞은 것을 보기에서 찾아 써 보십시오.

보기

축구의 패스(pass)	야구의 타격	농구의 자유투
배구의 서브(serve)	농구의 드리블(dribble)	테니스의 포핸드 스트로크(forehand stroke)

(1)

____

(2)

____

(3)

____

(4)

____

(5)

____

(6)

____

2. 1의 운동 동작 중에서 운동선수가 가장 많이 움직이면서 하는 동작은 무엇일까요? 세 가지를 선택하고 그 이유를 말해 보십시오.

어휘 익히기

1. 다음은 운동 동작과 관련된 어휘입니다.

(1) 잘 듣고 빈칸에 알맞은 어휘를 써 보십시오. 그리고 어휘의 의미를 추측해 보십시오. 28

① 양궁은 ____________ 과녁에 정확히 맞추는 사람이 이기는 게임입니다.

② 다리를 다쳐 계단을 올라갈 때 ____________ 것이 무척 힘들었습니다.

③ 테니스 경기에서 최초의 공격은 상대를 향해 강력한 ____________ 것입니다.

④ 야구에서 투수는 마운드에서 상대방 선수에게 ____________ 사람을 말합니다.

⑤ 골프를 칠 때 팔을 구부리지 말고 ____________ 힘차게 공을 쳐야 멀리 나갑니다.

⑥ 물구나무서기는 손으로 ____________ 발로 땅을 차서 거꾸로 서는 동작을 말합니다.

⑦ 이 그림은 바닥에 떨어진 물건을 줍기 위해 앞으로 ____________ 사람의 동작을 그린 것입니다.

⑧ 어제 축구 경기에서 우리 팀 골키퍼가 몸을 날려 ____________ 보려 했지만 아쉽게 골인이 되었습니다.

(2) 다음은 (1)에서 들은 어휘의 의미입니다. 알맞은 어휘를 찾아 써 보십시오.

① 접었던 팔을 쭉 펴다 ____________

② 무릎을 한쪽으로 구부리다 ____________

③ 공이 들어가지 못하게 하다 ____________

④ 손으로 바닥에 몸을 의지하다 ____________

⑤ 몸을 한쪽이나 앞으로 기울이다 ____________

⑥ 활을 일정한 목표를 향해 발사하다 ____________

⑦ 공이 다른 곳에 떨어지게 팔을 움직여 공중으로 내보내다 ____________

⑧ 배구, 테니스 경기에서 공격하는 쪽이 상대편 코트에 공을 쳐서 넣다 ____________

2. 밑줄 친 어휘와 바꿔 쓸 수 있는 것을 골라 보십시오.

(1) A: 날씨가 많이 따뜻해졌죠?
B: 네. 추위가 <u>한풀</u> 꺾인 거 같아요. 지난주와 달라요.

① 눈에 띄게 ② 한참 동안

(2) A: 마이클 씨, <u>가령</u> 다른 회사에서 오라고 하면 그곳으로 옮길 겁니까?
B: 아니요. 전 지금 하는 일이 적성에도 맞고 재미있습니다.

① 혹시 ② 정말

(3) A: 이 빈 병은 그냥 이 봉투에 같이 넣어서 버려도 돼요?
B: 아니요. 그렇게 <u>마구</u> 버리면 안 돼요. 재활용품 모으는 데다가 버려야 돼요.

① 완전히 ② 함부로

(4) A: 저 사람 <u>분명</u> 어디에서 본 적이 있는데 기억이 통 나질 않아요.
B: 그래요? 국문학과 2학년 학생이라던데요.

① 하여튼 ② 확실히

(5) A: 바닷속에서 이 카메라를 들고 <u>이동하면서</u> 물고기들을 다 찍은 거예요?
B: 네. 카메라가 무겁지 않고 찍기 편하게 돼 있어서 어렵지 않아요.

① 사라지면서 ② 움직이면서

(6) A: 경범죄가 일상생활에서 일어나는 가벼운 위법 행위라고 하던데 예를 들면 어떤 게 있어요?
B: 길에다 침을 뱉거나 담배꽁초를 버리는 게 경범죄에 <u>속해요</u>.

① 요구해요 ② 해당돼요

(7) A: 그 동작은 어떻게 하는 거예요? 가르쳐 주세요.
B: 네, 어렵지 않아요. 먼저 팔을 벌리고 발을 내밀면서 옆으로 <u>빙글 돌면</u> 돼요.

① 변화하면 ② 회전하면

(8) A: 어제 본 연극은 어땠어요? 10년 전 중국이 배경이라던데 재미있었어요?
B: 네. 제가 어렸을 때 중국의 모습을 <u>그대로 다시 보여</u> 줘서 재미있게 봤어요.

① 재현해 ② 개방해

전략 익히기

화제 전환에 따른 강의 내용 파악하기

강의에서 강의의 화제가 하나가 아니라 여러 가지 화제를 다룰 때가 있다. 강의 중에 새로운 내용으로 화제를 전환할 때 이전까지의 내용에 대한 설명을 마치고 새로운 화제로 시작함을 언급하게 된다. 이때 강의를 듣는 사람은 새 화제로 전환함을 인지하고 새 화제에 귀를 기울여야 한다. 이전 화제에 대한 이야기를 마무리하면서 새 화제로 시작하는 표현을 학습하면 강의 내용을 파악하는 데 도움을 받을 수 있다.

표현	예문
이상/지금까지 ○에 대해 살펴봤습니다. 다음은 ○에 대해 알아보겠습니다.	**지금까지** 운동의 **효과에 대해 살펴봤습니다. 다음은** 운동학습 **단계에 대해 알아보겠습니다.**
○에 대해서는 여기까지 하고 이제 다음 내용으로 가 볼까요?	외국인이 자주 찾는 **관광지에 대해서는 여기까지 하고 이제 다음 내용으로 가 볼까요?**
이제 다음으로 넘어가서 ○을/를 공부해 보도록 하겠습니다.	**이제 다음으로 넘어가서** 현대 사회의 **변화를 공부해 보도록 하겠습니다.**
○에 대한 설명을 마치고 지금부터 ○을/를 알아보죠.	보통 때 입었던 **한복에 대한 설명을 마치고 지금부터는** 결혼식 때 입었던 **한복을 알아보죠.**

예

다음은 '남성과 여성의 흡연'에 대한 내용입니다. 화제 전환에 따라 강의 내용을 파악해 보십시오. 29

지금까지 여성 흡연자가 남성 흡연자보다 감기, 폐렴 같은 호흡기 질환이나 심장마비로 사망할 위험이 높다는 연구 **결과를 살펴봤습니다. 다음은** 왜 여성 흡연자의 사망률이 높은지 그 **이유에 대해 알아보겠습니다.** 첫 번째 이유는 바로 여성의 폐 크기입니다. 여성의 폐가 남성에 비해 작습니다. 그래서 남성보다 피해를 더 입게 되는 거죠.

⇩

화제 1	여성 흡연자가 남성 흡연자보다 호흡기 질환, 심장마비로 사망할 확률이 높다는 연구 결과
화제 2	여성 흡연자의 사망률이 높은 이유

연습 다음을 듣고 화제를 파악해 보십시오.

1. '설악산과 한라산에 자생하는 나무'에 대한 내용입니다. 30

화제 1

화제 2

2. '중·고등학교의 축구 수업'에 대한 내용입니다. 31

화제 1

화제 2

3. '눈동자 움직임 실험'에 대한 내용입니다. 32

화제 1

화제 2

1. 다음은 운동 기능에 따른 지도 방법에 대한 강의입니다. 강의를 들으면서 필기해 보십시오. 33

1. 운동 기능

(1) 사무실을 걷는 것, 복잡한 거리를 걷는 것

- 걷는 것은 같지만 ______________________ 이 다름

- 사무실을 걷는 것: 환경이 고정되어 있음

- 복잡한 거리를 걷는 것: 환경이 수시로 변함

(2) 개방 기능

- 정의: ______________________________________

예) 농구의 드리블(dribble), 축구의 패스(pass)

(3) 폐쇄 기능

- 정의: 환경적 조건이 상황에 따라 변하지 않고 비교적 고정되어 있는 상태에서 운동하는 것

예) ______________________________

2. 지도 방법

(1) 폐쇄 기능

- 말로 설명 → ______________________

예) 물구나무 서듯이 옆으로 도는 옆 구르기 동작

(2) 개방 기능

- 단순화시켜 지도 → ______________________

예) 축구의 패스(pass)

2. 강의를 다시 듣고 물음에 답하십시오.

(1) 강의에서 농구 드리블에 대한 설명으로 알맞은 것은 무엇입니까?

① 이 동작을 할 때마다 주변 환경은 달라진다.
② 수비수가 한 명일 때만 할 수 있는 동작이다.
③ 개방 기능보다는 폐쇄 기능에 가까운 동작이다.

(2) 농구의 자유투와 같은 운동 기능에 속하지 않는 것은 무엇입니까?

① 축구의 패스
② 배구의 서브
③ 양궁의 활쏘기

(3) 강의 내용에 대한 설명으로 알맞은 것은 무엇입니까?

① 개방 기능 동작이 복잡하더라도 그대로 지도한다.
② 영상과 같은 시각 정보는 모든 동작 지도에 다 유용하다.
③ 개방 기능을 가르칠 때는 지각 단서를 중점적으로 설명해야 한다.

(4) 이 강의에서 말한 화제를 순서대로 나열한 것은 무엇입니까?

① 운동 동작 비교 → 독특한 동작 소개
② 운동 기능 분류 → 기능에 따른 지도 방법
③ 운동 종목 설명 → 기능으로 분류한 동작 설명

생각 넓히기

여러분은 재미있고 즐겁게 배운 운동이나 재미없고 힘들게 배운 운동이 있습니까? 그때 어떤 방법으로 배웠습니까? 여러분이 운동을 배웠던 경험에 대해 간단히 메모하고 이야기해 보십시오.

즐겁거나 힘들게 배운 운동	
그 운동을 배웠던 방법	
그 방법이 효과적이었거나 효과적이지 않았던 이유	

05 말하기

바람직한 식생활

준비하기

1. 여러분은 어떤 식습관을 가지고 있습니까? 다음을 보고 여러분의 식습관에 해당하는 것에 V표 하고 이야기해 보십시오.

- ☐ 20분 이상 천천히 식사한다.
- ☐ 반찬을 가리지 않고 골고루 먹는다.
- ☐ 하루에 1.5~2ℓ의 물을 마신다.
- ☐ 일정한 시간에 규칙적으로 식사한다.
- ☐ 너무 맵거나 짠 음식은 피한다.
- ☐ 여러 가지 색깔의 과일과 야채를 먹는다.

2. 다음은 각 식품의 열량에 비해 영양소가 얼마나 들어 있는지 나타낸 영양 밀도입니다. 다음을 보고 어떤 식품이 더 영양 밀도가 높은지 이야기해 보십시오.

$$\text{영양 밀도(\%)} = \frac{\text{영양소}}{\text{열량}} \times 100$$

(1)

식품	녹색 잎채소 (예: 배추, 상추, 시금치 등)	녹색이 아닌 채소 (예: 가지, 버섯, 양파 등)
영양 밀도(%)	100	50

(2)

식품	콩류 (예: 강낭콩, 검은콩 등)	견과류 (예: 땅콩, 아몬드, 해바라기 씨 등)
영양 밀도(%)	48	20

(3)

식품	정제하지 않은 곡물 (예: 현미, 보리 등)	정제한 곡물 (예: 흰 쌀, 흰 밀가루 등)
영양 밀도(%)	22	2

어휘 익히기

1. 다음은 식생활과 관련된 어휘입니다. 보기 에서 알맞은 것을 골라 대화를 완성해 보십시오.

보기
끼니 식단 양념 주식 지방 폭식 단백질 탄수화물

(1) A: 난 빵, 과자, 케이크 같은 밀가루 음식이 너무 좋아.
B: 너 조심해야 돼. 그런 ________________ 음식도 중독될 수가 있대.

(2) A: 밥 대신 빵으로 식사를 하는 사람들이 40%나 된다고 해요.
B: 예전에는 빵이 간식이었는데 점점 빵을 ________________(으)로 하는 사람들이 많아지는 것 같아요.

(3) A: 배 안 불러요? 왜 그렇게 많이 먹어요?
B: 요즘 스트레스를 많이 받아서 그런지 자꾸 배가 부를 때까지 한꺼번에 ________________ 을/를 하게 돼요.

(4) A: 오늘은 불고기를 만들어 볼 건데요. 선생님, 재료 소개해 주시겠어요?
B: 네. 일단 소고기 준비해 주시고요. 오늘 불고기 맛을 낼 ________________은/는 여기 간장, 설탕, 파, 깨입니다.

(5) A: 이 기사 봤어? 제때 식사하는 소방관들이 많지 않대.
B: 응. 봤어. 하루 종일 힘들게 일하고 겨우 컵라면 하나로 ________________을/를 때우는 소방관들이 많다더라고.

(6) A: 건강에 좋은 올리브유, 어떻게 먹는 게 더 좋은지 박영호 기자가 전해 드립니다.
B: 네. 올리브유는 대표적인 식물성 ________________인데요. 비타민이 풍부한 샐러드에 넣어 드시면 더욱 좋다고 합니다.

(7) A: 선생님, 건강하게 체중을 줄이려면 어떻게 해야 할까요?
B: 균형 잡힌 식사를 하는 것이 중요한데요. 이를 위해서는 뭘 먹을지 미리 ________________ 을/를 짜는 것이 좋습니다.

(8) A: 계란이 완전식품이라는데 그게 무슨 뜻이야?
B: 영양소가 풍부하다는 뜻이야. 계란에는 우리 몸을 구성하는 ________________뿐만 아니라 비타민, 칼슘 등이 골고루 들어 있거든.

2. 다음을 읽고 알맞은 것을 고르십시오.

(1) 식사만으로 부족한 영양소는 영양제를 통해 (섭취하는, 흡입하는) 것도 좋습니다.

(2) 알록달록한 아이스크림에는 설탕뿐 아니라 색소도 (첨가되어, 첨부되어) 있습니다.

(3) 명절에는 (자연스러운, 먹음직스러운) 음식들이 풍성해 평소보다 과식하기 쉽습니다.

(4) 햇볕을 충분히 쬐지 않아 비타민 D가 (결핍되면, 결합되면) 무기력하고 우울해집니다.

(5) 숙면을 취하기 위해서는 방 안의 온도와 습도를 적절하게 (조절해야, 조직해야) 합니다.

(6) 흙 속의 물과 영양분은 나무뿌리를 통해 (접수돼서, 흡수돼서) 줄기를 타고 올라갑니다.

(7) 빨간색, 주황색, 노란색 그릇은 새콤달콤한 맛을 연상시켜 식욕을 (낮추는, 돋우는) 효과가 있습니다.

(8) 조사 결과, 청소년들이 즐겨 마시는 에너지 음료에 카페인이 다량 (보유되어, 함유되어) 있는 것으로 나타났습니다.

(9) 밤늦게 짜고 기름진 음식을 먹는 야식이 (습관화되면, 실용화되면) 비만이나 고혈압 등 성인병에 걸릴 수도 있습니다.

(10) 고기를 먹을 때 비타민이 풍부한 채소나 과일을 (곁들여, 덧붙여) 먹으면 맛도 좋고 철분의 흡수율도 높일 수 있습니다.

memo

발표할 때 강약을 주지 않으면 단조롭고 지루하게 들린다. 발표할 때 중요한 부분은 강조하고 그렇지 않은 부분은 가볍게 언급하면 듣는 사람이 적절히 긴장감을 느끼며 발표 내용에 더 집중할 수 있다. 강조할 때는 중요한 부분이 두드러지게 하는 표현을 활용할 수 있으며 목소리에 힘을 주거나 천천히 말하기도 한다.

표현	예문
○(이)야말로	**비빔밥이야말로** 한국을 대표하는 전통 음식입니다.
-(으)ㄴ/는 것이 바로	계속 꿈꾸며 끊임없이 **도전하는 것이 바로** 젊음이라고 생각합니다.
○와/과는 비교할 수 없을 정도로	설악산의 단풍은 다른 산의 **단풍과는 비교할 수 없을 정도로** 아름답습니다.
-기(가) 그지없습니다.	극심한 가뭄으로 농작물 피해가 커서 **안타깝기 그지없습니다.**

예

다음은 '폭식'에 대한 내용입니다. 강조해서 말해 보십시오.

폭식은 건강을 해치는 지름길이다. 각종 질병에 걸릴 위험이 높아지기 때문이다. 폭식은 감정에서 비롯되는 경우가 많다. 너무 외롭거나 슬플 때 음식에 대한 통제력을 잃어버리고 많이 먹게 되는 것이다. 따라서 폭식하지 않기 위해서는 사람들과 대화하면서 즐겁게 식사하는 것이 좋다.

⇩

폭식이야말로 건강을 해치는 지름길입니다. 각종 질병에 걸릴 위험이 높아지기 때문입니다. 폭식은 감정에서 비롯되는 경우가 많은데요. **외롭거나 슬프기 그지없을** 때 음식에 대한 통제력을 잃어버리고 많이 먹게 되는 겁니다. 따라서 폭식하지 않기 위해서는 사람들과 대화하면서 즐겁게 식사하는 것이 좋습니다.

연습 다음을 보고 강조해서 말해 보십시오.

1. '지중해식 식단'에 대한 내용입니다.

과일, 채소, 생선, 올리브유 등을 위주로 하는 것이 지중해식 식단의 특징이다. 지중해식 식단은 다른 어떤 식단보다 더 영양소를 골고루 갖추고 있기 때문에 건강을 위한 최고의 식단이라고 할 수 있다. 그리고 지중해식 식단은 혈압을 낮추며 당뇨병과 비만을 예방하는 효과도 뛰어나다.

2. '레오나르도 다 빈치'에 대한 내용입니다.

레오나르도 다 빈치(Leonardo da Vinci)를 '모나리자'와 '최후의 만찬'을 그린 화가로만 알고 있는 사람들이 많다. 그런데 레오나르도 다 빈치는 예술, 과학, 건축 등을 아우르는 천재였다. 비행기가 발명되기 몇백 년 전이었는데도 그의 스케치북에 이미 비행기에 대한 아이디어가 있었던 것을 보면 너무 놀랍다.

3. '과학기술 발전과 교육'에 대한 내용입니다.

현대 과학기술의 발전 속도는 과거보다 훨씬 더 빠르다. 이것은 어떤 신기술이 등장하고 사회에 영향을 미치게 될지 예측하기 점점 어려워진다는 뜻이다. 따라서 이제는 단순히 지식을 주입하여 이해시키는 것이 아니라 문제 해결 능력과 창의력을 기르는 것이 교육의 목표가 되어야 한다.

말하기 바람직한 식생활에 대해 발표하기

1. 다음은 다양한 식습관에 대한 신문 기사 제목입니다. 각 식습관의 특징은 무엇인지 이야기해 보십시오.

1일 1식 vs. 1일 5식

후식부터 먹는 거꾸로 식사법

껍질, 씨, 뿌리까지 다 드세요

해독 주스 한 잔으로 몸속을 깨끗이

정성 가득, 영양 가득, 슬로우 푸드(slow food)

설탕, 소금, 조미료, 쌀, 밀가루, 백색 식품 피해야

2. 다양한 식습관 중 가장 바람직하다고 생각하는 것을 하나 골라 발표하려고 합니다. 어떤 식습관에 대해 발표하고 싶습니까? 그 식습관의 특징은 무엇입니까? 조사하고 메모해 보십시오.

식습관	
특징 (음식 종류, 영양소, 조리법, 식사 시간, 식사 속도 등)	• • • • •

3. 바람직한 식생활에 대해 발표할 때 어떤 부분을 강조하고 싶은지 중요한 부분을 메모해 보십시오.

처음	
중간 (바람직한 식생활)	• • • • •
끝	

4. 조사한 내용을 바탕으로 중요한 부분을 강조해서 발표해 보십시오.

5. 다른 사람들의 발표는 어땠습니까? 어떤 점이 좋았습니까? 그리고 새롭게 알게 된 점은 무엇입니까?

생각 넓히기

여러분은 균형 잡힌 식사를 하고 있습니까? 여러분이 어제 하루 동안 섭취한 음식과 부족한 영양소를 메모하고 이야기해 보십시오.

	섭취한 음식	부족한 영양소
아침		
점심		
저녁		

Q

1. 여러분은 최근에 본 뉴스나 기사 중에 기억에 남는 것이 있습니까?
   그 뉴스나 기사는 어떤 내용이었습니까?

2. 여러분이 지금까지 본 광고 중에서 가장 기발하고 인상 깊었던 광고는
   무엇입니까? 그 광고는 어떤 점이 특별했습니까?

제6과
신문과 광고

【듣기】 신문의 위상과 역할

어휘 익히기 신문 관련 어휘
전략 익히기 요약 부호 사용해서 필기하기
듣기 신문의 위상과 역할에 대한 강의 듣기

【말하기】 광고

어휘 익히기 광고 관련 어휘
전략 익히기 관점 정해서 비평하기
말하기 광고 비평하여 발표하기

06 듣기

신문의 위상과 역할

준비하기

1. 다음 중 여러분이 선호하는 대중 매체에 V표 해 보십시오. 그리고 그 대중 매체를 자주 이용하는 이유에 대해서 이야기해 보십시오.

☐ 신문	☐ 잡지	☐ 라디오
☐ 인터넷	☐ 텔레비전	☐ 기타 ( )

2. 신문의 모습은 어떻게 달라졌을까요? 다음을 보고 신문이 어떻게 달라졌는지에 대해서 이야기해 보십시오.

어휘 익히기

1. 다음은 신문과 관련된 어휘입니다.

(1) 잘 듣고 빈칸에 알맞은 어휘를 써 보십시오. 그리고 어휘의 의미를 추측해 보십시오. 34

① 그 소설가의 글을 읽은 ____________의 수가 십만 명이 넘는다고 합니다.

② 최근 정기적으로 잡지를 사서 읽는 ____________이 점점 낮아지고 있습니다.

③ 공무원들은 개인의 이익이 아닌 나라 전체의 ____________을 추구해야 합니다.

④ 유명 배우가 죽었다는 그 소식은 잘못 알려진 ____________였음이 밝혀졌습니다.

⑤ 말이나 글로 생각이나 사실을 알리는 ____________은 그 자유가 보장되어야 합니다.

⑥ 사회가 발전하기 위해서는 학력이 곧 능력이라는 ____________에서 벗어나야 합니다.

⑦ 그의 얼굴과 작품이 실리고 그가 외국에서 크게 성공했다는 ____________를 보고 깜짝 놀랐습니다.

⑧ 경찰은 목격자를 만나서 그 일이 언제 어디에서 일어났는지 ____________에 대해 자세히 물었습니다.

(2) 다음은 (1)에서 들은 어휘의 의미입니다. 알맞은 어휘를 찾아 써 보십시오.

① 다수의 이익 ____________

② 잘못 전한 소식 ____________

③ 한쪽으로 치우친 생각 ____________

④ 사회적으로 일어난 일 ____________

⑤ 책, 신문 등을 읽는 사람 ____________

⑥ 책, 신문 등을 사서 읽는 비율 ____________

⑦ 대중 매체를 통해 새로운 소식을 알림 ____________

⑧ 말이나 글로 생각을 발표하거나 여론을 만듦 ____________

2. 밑줄 친 어휘와 바꿔 쓸 수 있는 것을 골라 보십시오.

(1) 기술이 <u>발달하면서</u> 생활도 점점 편리해지고 있습니다.

① 좋아지면서 ② 만들어지면서

(2) 건조한 가을철에는 화재가 <u>발생하지</u> 않도록 더욱 주의를 기울여야 합니다.

① 일어나지 ② 사라지지

(3) 내일 발표에 필요한 자료가 있어서 인터넷에서 자료를 <u>검색하고</u> 있습니다.

① 보고 ② 찾고

(4) 사상 최악의 청년 실업난이 계속되어 국가 경제가 위기에 <u>직면해</u> 있습니다.

① 놓여 ② 도착해

(5) 보고서를 쓸 때는 자료를 단순히 <u>나열하지</u> 말고 종합하고 분석해야 합니다.

① 늘어놓지 ② 정리하지

(6) 수영 선수 박민수는 올림픽에서 금메달을 딴 후 잃었던 자신감을 <u>회복했습니다</u>.

① 느꼈습니다 ② 되찾았습니다

(7) 최재승 교수는 학생들이 이해할 수 있도록 전문 용어들을 <u>풀어서</u> 설명했습니다.

① 더 보충해서 ② 쉽게 바꿔서

(8) 한 지역 주민들이 지역 소식을 전하기 위해 직접 신문을 <u>발행하기</u> 시작했습니다.

① 팔기 ② 펴내기

전략 익히기

요약 부호 사용해서 필기하기

강의를 들을 때는 많은 정보를 빠르게 필기해야 한다. 제한된 시간 안에 모든 내용을 다 문자로 받아 적는 것은 쉽지 않은데 다음과 같은 요약 부호를 사용하면 더 빨리 효과적으로 필기할 수 있다. 그리고 자신만의 요약 부호를 만들어 사용할 수도 있다.

BC 5C	기원전 5세기
AD 5C	기원후 5세기
5℃	섭씨 5도
5°F	화씨 5도
-5℃	영하 5도

=	같다
≒	비슷하다
≠	다르다
⟷	반대
〃	위와 같다

〈	작다
〉	크다
↑	올라가다
↓	내려가다
→	변화, 절차

&, +	그리고, 와/과
∴	그러므로
∵	왜냐하면
…	등, 생략
예)	예를 들면

예

다음은 '물의 끓는점'에 대한 내용입니다. 요약 부호를 사용해서 필기해 보십시오. 35

여러분, 물이 몇 도에서 끓죠? 네, 섭씨 100도죠? 그런데 물이 항상 100도에서 끓는 건 아니에요. 왜냐하면 어떤 물인지에 따라, 또 압력이 어떤지에 따라 끓는점이 달라질 수 있거든요. 예를 들어 라면 스프를 넣은 물은 끓는점이 올라가서 섭씨 105도가 돼야 끓기 시작해요. 그런데 한라산 꼭대기처럼 높은 곳은 압력이 낮기 때문에 끓는점이 내려가서 섭씨 95도에서도 물이 끓어요.

⇩

- 물이 항상 100℃에서 끓는 것은 아님

∵ 어떤 물인지, 압력이 어떤지에 따라 끓는점이 달라짐

예) 라면 스프를 넣은 물: 끓는점 ↑, 105℃에서 끓음

압력이 낮은 한라산: 끓는점 ↓, 95℃에서 끓음

연습 다음을 듣고 요약 부호를 사용해서 필기해 보십시오.

1. '신문 활용 교육'에 대한 내용입니다. 36

- 신문 활용 교육(NIE, Newspaper in Education)의 효과
  - 읽기·쓰기 점수 8점 ______
  - ______________________________

2. '악기 소리'에 대한 내용입니다. 37

- 악기 소리의 높낮이
  - 악기 크기가 클수록 낮은 소리가 남
  ______ 첼로가 바이올린보다 낮은 소리가 남
  ______ 악기 크기: ______________ 바이올린

3. '저작권'에 대한 내용입니다. 38

- 저작권
  - 작품을 창작한 사람의 권리
- 저작권 침해
  - 허락 없이 작품을 사용함 ________ 남의 물건을 훔치는 것
  - ______________________________

1. 다음은 신문의 위상과 역할에 대한 강의입니다. 강의를 들으면서 요약 부호를 사용해서 필기해 보십시오. 39

- 신문의 역할
  - ______________ 을 갖춘 대중 매체
  - 사회적 사건, 사고, 정보들을 전달함
- 신문의 위상이 떨어진 원인
  - 신문의 ______________
    - ______________ 에 의한 보도가 많음
  - 독자의 요구 변화
    - 영상 매체 ______, 문자 매체에 대한 관심 ______
    - 독자의 요구: 문자 매체 ______________
- 신문의 위상을 높이는 방법
  - 신문의 신뢰성 회복
    - ______________ 기사를 써야 함
  - 독자의 요구 변화 수용
    - ______ 사진이나 영상의 적극적 활용

2. 강의를 다시 듣고 물음에 답하십시오.

(1) 강의에서 언급한 내용은 무엇입니까?

① 신문을 구독하게 된 사회적 배경
② 신문의 신뢰성에 대한 조사 결과
③ 신문이 인쇄 매체로 처음 등장한 시기

(2) 강의에서 신문의 위상이 하락한 이유로 말하지 않은 것은 무엇입니까?

① 분석력이 낮은 기사를 써서
② 공정하지 않은 보도를 해서
③ 흥미로운 기사의 비중이 적어서

(3) 신문의 고유성을 지킨다는 것은 무엇을 의미합니까?

① 심층 분석하여 정확하게 보도하는 것
② 독자의 호기심을 자극하는 기사를 작성하는 것
③ 사진을 활용하여 사건을 효과적으로 전달하는 것

(4) 다음에 이어질 내용으로 알맞은 것은 무엇입니까?

① 신문 구독률의 변화
② 영상 매체의 증가 원인
③ 미래의 신문에 대한 전망

생각 넓히기

좋은 기사나 유익한 내용, 알려야 할 내용의 기사를 쓴 사람에게 상을 주기도 합니다. 만약 여러분이 '올해의 기사'를 선정할 수 있다면 어떤 기사를 선정하고 싶은지 이야기해 보십시오.

기사 제목	
기사 내용	
선정 이유	

06 말하기

광고

준비하기

1. 다음은 상품의 광고 효과를 높이기 위해서 사용되는 광고 전략입니다. 중요하다고 생각하는 것 3가지를 골라 V표 하고 그 이유를 이야기해 보십시오.

- ☐ 아이디어가 신선하고 참신하다.
- ☐ 재미있는 광고 문구와 영상이 있다.
- ☐ 유명 연예인이나 모델을 출연시킨다.
- ☐ 기업에 대한 신뢰를 형성하고 유지한다.
- ☐ 특수 효과를 이용하여 멋진 이미지를 연출한다.
- ☐ 소비자의 마음과 감성을 자극한다.
- ☐ 다른 상품과의 다른 점을 강조한다.
- ☐ 상품에 대한 유용한 정보를 제공한다.
- ☐ 소비자들의 관심과 궁금증을 불러일으킨다.
- ☐ 전문가 의견을 넣어 상품에 대한 신뢰성을 높인다.

2. 다음 광고들은 1의 광고 전략 중에서 어떤 점을 강조한 광고라고 생각합니까? 이 광고들에 대한 여러분의 생각을 이야기해 보십시오.

입에서만 녹고 손에서는 안 녹아요.

말하지 않아도 알아요~ 초코파이 정

어휘 익히기

1. 다음은 광고와 관련된 어휘입니다. 보기에서 알맞은 것을 골라 대화를 완성해 보십시오.

보기

겨냥하다	기발하다	부각하다	유발하다
상징하다	뛰어나다	판매하다	차별화되다

(1) A: 마이클 씨는 수영, 테니스에 축구까지, 못하는 운동이 없던데요?
B: 맞아요. 마이클 씨는 운동 신경이 ________________ 무슨 운동이든 다 잘하더라고요.

(2) A: 아이들에게 영어를 가르치려고 하는데요. 어떻게 하면 잘 가르칠 수 있을까요?
B: 아이들의 흥미를 ________________ 게 가장 중요해요. 아이들은 뭐든지 재미가 있어야 하거든요.

(3) A: 여보, 내일 어린이날인데 애들 데리고 영화관에나 갈까요?
B: 그래요. 어린이날을 앞두고 아이들을 ________________ 괜찮은 만화영화들이 많이 나왔더라고요.

(4) A: 이 샴푸 있잖아요. 두 개를 묶어서 같이 파는데 한 개 가격하고 거의 비슷한 거 있죠?
B: 네. 요즘에는 경기가 안 좋아서 그런지 상품을 두세 개씩 묶어서 ________________ 경우가 많더라고요.

(5) A: 오늘 회의 시간에 김 대리가 낸 의견 덕분에 이번 광고도 잘 나올 것 같아요.
B: 맞아요. 김 대리는 어찌나 아이디어가 ________________ 좋은지 부러울 정도라니까요.

(6) A: 이상으로 내년도 신제품 광고 전략 발표를 마치겠습니다.
B: 발표 잘 들었습니다. 그런데 제 생각으로는 지금까지의 광고와 별로 차이가 없다는 생각이 드는데요. 기존과 다른 ________________ 전략이 필요합니다.

(7) A: 이 태극기에 있는 파란색과 빨간색은 뭘 나타내는 건가요?
B: 네. 파란색은 푸른 바다를, 빨간색은 붉은 태양을 ________________.

(8) A: 조각가 김혜원 씨의 조각상들을 보면 귀가 눈이나 코에 비해서 유난히 크지 않아요?
B: 맞아요. 김혜원 씨는 귀를 크게 ________________ 표현하는 경향이 있더라고요.

2. 다음을 읽고 알맞은 것을 고르십시오.

(1) 한글은 세계적으로 과학성 있고 (순수성, 독창성)이 있는 문자로 꼽히고 있습니다.

(2) 좋은 광고는 소비자들의 (성취욕, 구매욕)을 불러일으키는 광고라고 할 수 있습니다.

(3) 학창시절에는 친구들과 함께 가는 여행에 특별한 의미를 (부여했습니다, 수여했습니다).

(4) 올해에 저희 회사는 회사의 (인지도, 정확도)를 높이기 위한 광고를 더 늘릴 계획입니다.

(5) 영화 평론가 김진희는 영화에 대한 날카로운 분석과 (비평, 비판)으로 주목받고 있습니다.

(6) 그 감독은 특수 효과를 사용해서 생동감이 넘치는 (장면, 측면)을 연출하는 데 성공했습니다.

(7) 일부 사람들의 무분별한 (과보호, 과소비)로 사회 전반에 계층 간의 위화감이 조성되고 있습니다.

(8) (광고주, 광고비)가 이번에 제작한 광고가 마음에 들지 않는다고 해서 새로 제작에 들어갔습니다.

(9) 최근 회사 사정이 어려워지자 매일 아침 생산성 (출고, 제고)를 위한 아이디어 회의를 하고 있습니다.

(10) 이정우 화가의 작품 '배꽃'이 다른 작품에서는 쉽게 볼 수 없는 (평범한, 독특한) 색채로 올해의 그림으로 선정됐습니다.

memo

전략 익히기

관점 정해서 비평하기

비평은 어떤 대상을 분석하여 그 가치를 논하는 것이다. 같은 대상도 관점에 따라 평가가 달라지므로 비평을 잘하기 위해서는 어떤 관점에서 대상을 살펴볼 것인지 정해야 한다. 그리고 그 관점에 따라서 대상을 분석하고 그에 대해서 평가를 내리는 것이 중요하다.

표현	예문
○(이)라는 측면에서 -ㄴ/는다고 할 수 있습니다.	기업의 이미지 **제고라는 측면에서** 이 휴대 전화 광고는 큰 성과를 **거두었다고 할 수 있습니다.**
○(이)라는 차원에서 봤을 때 -ㄴ/는다고 생각합니다.	소비자의 관심 **유발이라는 차원에서 봤을 때** 이번 신제품 광고는 매우 **성공적이었다고 생각합니다.**
○의 관점에서 보면 -ㄴ/는다는 점에서 높이 평가할 수 있습니다.	차별성 **강조의 관점에서 보면** 이 가구 광고는 다른 가구 광고와 달리 과학적 이미지를 **부각했다는 점에서 높이 평가할 수 있습니다.**
○의 입장에서 볼 때 -ㄴ/는다는 점에서 의의가 있습니다.	**소비자의 입장에서 볼 때** 이 식품 광고는 생산 과정을 보여줌으로써 신뢰감을 **높였다는 점에서 의의가 있습니다.**

예

다음은 '이니스프리 광고'에 대한 비평 내용입니다. 관점을 정해서 비평해 보십시오.

관점	비평
기업의 이미지 제고	환경 보호를 주제로 해서 기업에 긍정적 이미지를 심어 주었다.
상품에 대한 정보 전달	상품에 대한 정보가 없어서 이 회사가 환경 보호 단체라고 오해할 수 있다.

⇩

이 광고는 기업의 이미지 **제고라는 차원에서 보면** 환경 보호를 주제로 함으로써 기업에 긍정적 이미지를 심어 **줬다는 점에서 높이 평가할 수 있습니다.** 하지만 상품에 대한 정보 **전달의 관점에서 봤을 때** 상품에 대한 정보가 없으므로 이 회사가 환경 보호 단체라고 오해할 수 **있다고 생각합니다.**

연습 **다음을 보고 관점에 따라 비평해 보십시오.**

1. '새로운 대학 입학시험'에 대한 내용입니다.

관점	비평
학생	기존보다 출제 과목 수가 줄어서 입시에 대한 부담을 덜어 주었다.
교육	암기력이 아닌 사고력을 측정하는 시험이라서 주입식 교육에서 벗어나 사고력 교육으로 발전할 수 있다.

2. '영화 〈건축학개론〉'에 대한 내용입니다.

관점	비평
영화 내용	첫사랑의 추억을 섬세하면서도 유쾌하게 그려 내 무겁고 슬플 수 있는 첫사랑의 추억을 아름답게 재현했다.
영화 음악	1990년대에 유행한 음악을 배경음악으로 사용해서 1990년대에 대학을 다닌 사람들에게 큰 공감을 불러일으켰다.

3. '코카콜라 광고'에 대한 내용입니다.

관점	비평
특수 효과 사용	첨단 애니메이션 기법을 사용해서 생동감 넘치는 장면을 연출했다.
소비자의 감성 자극	북극곰 가족의 가족애를 보여 줘서 소비자의 마음에 재미와 감동을 준다.

말하기 광고 비평하여 발표하기

1. 다음은 한 침대 광고에 대한 발표 자료입니다. 광고를 어떤 관점에서 어떻게 비평했는지 이야기해 보십시오.

- **관점: 차별성**
  제품의 과학적 우수성 부각

- **관점: 기업의 이미지 제고**
  침대 전문 브랜드로서의 전문성을 내세움

2. 광고에 대해서 비평하여 발표하려고 합니다. 2~3명이 한 조가 되어 여러분의 마음에 드는 광고를 선택해 보십시오. 그리고 그 광고를 어떤 관점에서 비평할지 관점을 정해서 메모해 보십시오.

______________ 광고	관점

3. 광고에 대해서 관점을 정해서 비평하고 발표할 내용을 메모해 보십시오.

처음		
중간 (광고 비평)	관점	비평
	• • • •	• • • •
끝		

4. 위에서 비평한 내용을 바탕으로 광고에 대해 발표해 보십시오.

5. 다른 사람들의 발표는 어땠습니까? 어떤 점이 좋았습니까? 그리고 새롭게 알게 된 것은 무엇입니까?

생각 넓히기

광고는 미디어의 발달과 함께 지속적으로 변화해 왔습니다. 소셜 미디어(social media) 시대가 도래함에 따라 광고 전략에 어떠한 변화가 나타나고 있는지, 앞으로는 어떠한 전략이 나타날 것 같은지 이야기해 보십시오.

Q

1. 여러분은 돈을 어디에 주로 씁니까?
   여러분의 소비에 가장 많은 영향을 끼치는 것은 무엇입니까?

2. 여러분이 창업을 한다면 어떤 기업을 만들고 싶습니까?
   그 이유는 무엇입니까?

제7과
경제와 기업

【듣기】 환율과 경제생활

어휘 익히기 **경제생활 관련 어휘**
전략 익히기 **수량과 관련된 세부 내용 파악하기**
듣기 **환율과 경제생활에 대한 강의 듣기**

【말하기】 기업의 사회적 책임

어휘 익히기 **기업의 사회적 책임 관련 어휘**
전략 익히기 **확인 질문하기**
말하기 **기업의 사회적 책임에 대해 토론하기**

07

듣기

환율과 경제생활

준비하기

1. 환율이 오른다면 우리의 경제생활에는 어떤 변화가 생길 것 같습니까? 다음 그림을 보고 환율이 올랐을 때 생활에 어떤 변화가 생기는지 찾아 V표 해 보십시오.

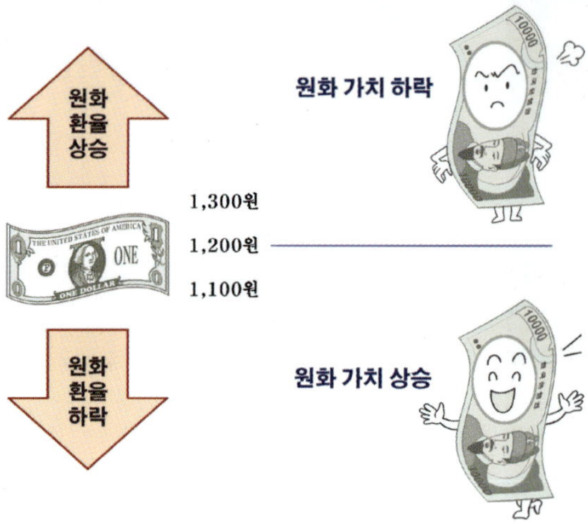

- ☐ 수출이 늘어난다.
- ☐ 수입이 늘어난다.
- ☐ 외국인 관광객이 줄어든다.
- ☐ 해외여행 경비가 더 필요하다.
- ☐ 국외에 진출하는 국내 기업이 많아진다.
- ☐ 자녀를 해외에 유학 보낸 부모는 더 많은 학비를 내야 한다.

2. 환율 변동은 여러분의 일상생활에 어떤 영향을 미칩니까? 구체적인 예를 들어 이야기해 보십시오.

어휘 익히기

1. 다음은 경제생활과 관련된 어휘입니다.

(1) 잘 듣고 빈칸에 알맞은 어휘를 써 보십시오. 그리고 어휘의 의미를 추측해 보십시오. 40

① 동전, 지폐, 수표 같은 걸 ____________라고 합니다.

② 해외여행을 가기 전에 은행에 들러 ____________을 하려고 합니다.

③ 요즘 ____________가 낮아서 적금을 들어도 이자를 많이 받을 수 없습니다.

④ 돈을 모으기 위해서는 꼭 필요한 것만 사서 ____________부터 줄여야 합니다.

⑤ 가족과 친한 사람들만 초대해 작은 결혼식을 해서 결혼 ____________을 줄였습니다.

⑥ 정부는 주택 문제를 해결하기 위해 공공 주택의 ____________을 확대하기로 했습니다.

⑦ 날씨가 더워지면서 에어컨과 선풍기 같은 냉방 용품에 대한 ____________가 늘고 있습니다.

⑧ 요즘은 은행에 직접 가지 않고 휴대 전화나 컴퓨터로 손쉽게 ____________을 할 수 있습니다.

(2) 다음은 (1)에서 들은 어휘의 의미입니다. 알맞은 어휘를 찾아 써 보십시오.

① 돈을 쓰는 것 ____________

② 돈을 보내는 것 ____________

③ 예금에 대한 이자 ____________

④ 서로 다른 돈을 교환하는 것 ____________

⑤ 어떤 일을 하는 데 필요한 돈 ____________

⑥ 상품을 교환할 때 쓰는 수난 ____________

⑦ 물건이나 서비스 등을 제공하는 것 ____________

⑧ 물건이나 서비스 등을 사려고 하는 욕구 ____________

2. 밑줄 친 어휘와 비슷한 것을 골라 보십시오.

(1) 올해는 과일 값의 <u>변동</u>이 특히 심했습니다.

① 들락거림　　② 오르내림

(2) 토론할 때는 상대방의 <u>관점</u>에서도 생각해야 합니다.

① 입장　　② 눈높이

(3) 서울의 집값이 작년에 비해 크게 <u>하락했다고</u> 합니다.

① 떨어졌다고　　② 올라갔다고

(4) 날로 <u>치솟는</u> 물가가 가장 심각한 문제로 지적되었습니다.

① 내리는　　② 오르는

(5) 주식에 투자하여 <u>손해</u>를 보는 사람들이 늘어나고 있습니다.

① 이익　　② 피해

(6) 좋은 광고를 만들기 위해서는 먼저 <u>소비자</u>들의 기호를 파악해야 합니다.

① 판매자　　② 구매자

(7) 아이를 낳지 않는 가정이 늘고 있어 출산율이 급격히 <u>감소하고</u> 있습니다.

① 낮아지고　　② 높아지고

(8) 동창들이 책을 기부하면서 대학교 도서관의 책이 점점 <u>증가하고</u> 있습니다.

① 많아지고　　② 줄어들고

금액, 비율, 넓이, 부피 등과 같이 수로 나타나는 표현은 언어마다 다르다. 강의에서 수량을 나타내는 표현이 나올 때 메모를 해 놓으면 세부 내용을 파악하는 데 도움이 된다.

일억 원	100,000,000원
일조 원	1,000,000,000,000원
일 점 오 배	1.5배
두 배	2배

3분의 2	2/3
오 퍼센트/프로	5%
이삼십 대	20, 30대
이천 이십 사 년	2024년

오백 밀리리터	500ml
백 그램	100g
일 제곱킬로미터	$1km^2$
이 대 일	2 : 1

예

다음은 '주가 지수'에 대한 내용입니다. 수량과 관련된 세부 내용을 파악해 보십시오. 41

5년간 한국의 주가 지수의 변화를 보면, 5년 전에는 1,500포인트에 가까웠던 게 2년 전에 2,000포인트에 가까울 정도로 올랐습니다. 그리고 작년 말에는 1,000포인트 정도로 떨어졌다가 지금은 2,100포인트를 넘고 있습니다. 이처럼 주식의 변동은 매우 심할 수 있습니다.

⇩

① 5년 전 주가 지수는 2,000포인트 이상이었다. (×)

② 현재 주가 지수가 작년보다 1,000포인트 이상 올랐다. (○)

연습 다음을 듣고 들은 내용과 같으면 ○, 다르면 × 표 해 보십시오.

1. '육아 휴직 제도'에 대한 내용입니다. 42

① 지난해 총 육아 휴직 신청자가 6만 명을 넘었다. ( )

② 남성 육아 휴직 신청자는 전체 신청자의 30%이다. ( )

2. '건강식품의 소비자층'에 대한 내용입니다. 43

① 과거에는 전체 소비자의 60%가 40, 50대였다. ( )

② 최근에는 전체 소비자의 1/2이 20, 30대 여성이다. ( )

3. '공기의 무게'에 대한 내용입니다. 44

① 공기의 무게는 보통 1㎥당 약 2.5kg 정도 된다. ( )

② 이 교실의 공기 무게는 책상보다 24배 정도 무겁다. ( )

1. 다음은 환율과 경제생활에 대한 강의입니다. 강의를 들으면서 필기해 보십시오. 45

- 환율 변동 원인
  - 외화의 가격

    예) 사과 많을 때: 가격 ↓, 사과 적을 때: 가격 ↑

    → 망고 수요 ↑ → 가격 ↑: 외화 수요 ↑ → ________

    외화 ________ → 환율 ↓
  - 그 밖의 원인: 물가, 금리, 경제 정책 등

- 환율 상승의 영향
  - ________________

    예) 수출품을 1달러에 팔았을 때: ________________

    ∴ 수출업자의 이익 ↑
  - 수입 ↓

    ________________ : 1,200원 → 1,500원

    망고 값 ↑, 사는 사람 ↓

    ________________, 판매 ↓

- 환율이 생활에 미치는 영향
  - 환율 ↑ → ________________ → 제품 가격 ↑
  - ________________

2. 강의를 다시 듣고 물음에 답하십시오.

(1) 강의에서 이야기하지 않은 것은 무엇입니까?

① 환율이 상승한 원인

② 환율 상승을 막는 방법

③ 환율 상승이 수출에 미치는 영향

(2) 최근 원 달러 환율의 변화를 맞게 나타낸 그래프는 무엇입니까?

①

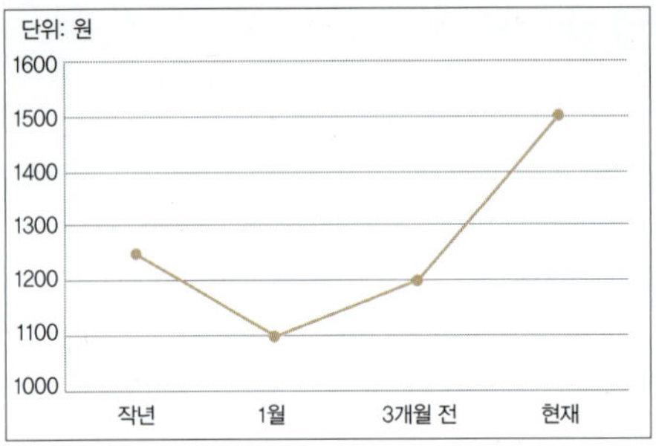

②

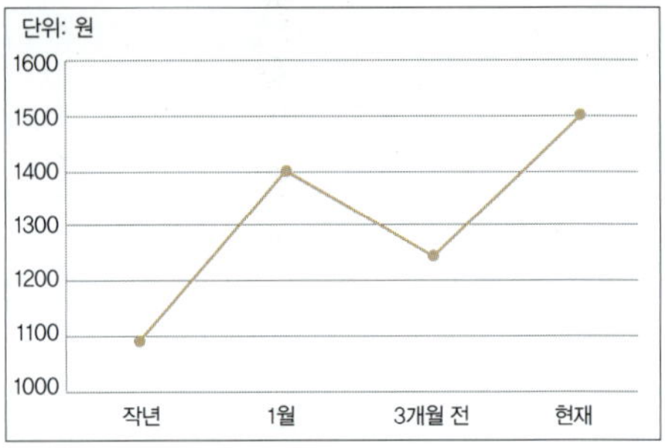

③

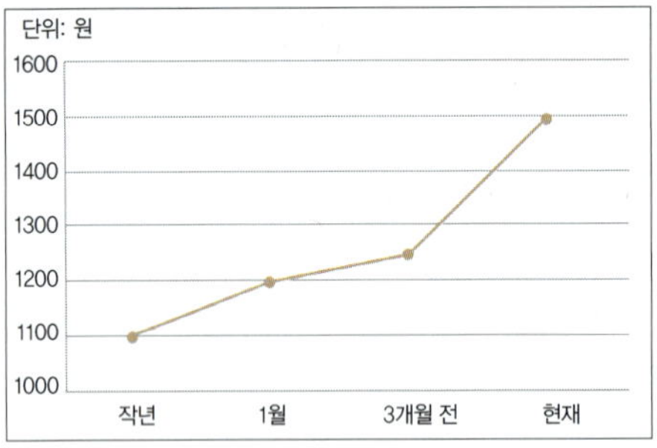

(3) 최근 환율의 변동에 영향을 준 것이 아닌 것은 무엇입니까?

① 금리가 하락했다.

② 경제 정책이 바뀌었다.

③ 사람들의 소득이 증가했다.

(4) 들은 내용과 같은 것은 무엇입니까?

① 한국은 원재료의 수입 의존도가 높다.

② 최근 환율 하락에 대해 걱정하는 사람이 많다.

③ 환율이 오르면 소비자들은 물가가 내렸다고 느낀다.

생각 넓히기

여러분 나라는 한국과 비교하여 물가가 비싼 편입니까? 상대적으로 무엇이 더 비싸고, 무엇이 더 쌉니까? 구체적인 예를 들어 비교해서 이야기해 보십시오.

국가 항목			
한국보다 비싼 것			
한국보다 싼 것			

07 말하기

기업의 사회적 책임

준비하기

1. 여러분은 좋은 이미지를 가지고 있는 기업이 있습니까? 그 기업에 대해 좋은 이미지를 갖게 된 이유는 무엇입니까? 다음에서 그 이유를 찾아보고, 구체적인 예를 들어 설명해 보십시오.

- ☐ 제품의 질이 좋아서
- ☐ 기부 활동을 많이 해서
- ☐ 기업의 윤리와 법을 잘 지켜서
- ☐ 직원을 위한 편의 시설이 잘되어 있어서
- ☐ 기타 (   )

2. 기업의 사회적 책임은 다음 그림에서 보는 것과 같이 경제적, 법률적, 윤리적, 자선적 책임으로 구성되어 있습니다. 기업은 사회적 책임을 어디까지 져야 한다고 생각합니까? 여러분의 생각을 이야기해 보십시오.

기업의 사회적 책임 피라미드

어휘 익히기

1. 다음은 기업의 사회적 책임과 관련된 어휘입니다. 보기에서 알맞은 것을 골라 대화를 완성해 보십시오.

보기

경영	매출	복지	의무
공헌하다	선도하다	환원하다	후원하다

(1) A: 식당의 인테리어가 바뀌어서 그런지 손님들이 많아진 것 같아요.
B: 네. 인테리어를 새롭게 바꿨더니 ______________도 전에 비해 두 배는 많아진 것 같아요.

(2) A: 서울 그룹 이승희 회장이 어제 돌아가셨다면서?
B: 자신의 전 재산을 사회에 ______________ 유언을 남기셨대. 정말 존경할 만한 분이지.

(3) A: 회장님, 대한 기업은 향후 어떻게 발전시켜 나갈 생각입니까?
B: 지역 발전을 ______________ 새로운 산업 기술을 적극 개발해서 지역 경제 활성화에 기여하려고 합니다.

(4) A: 올해도 우리 회사가 지속적으로 성장하려면 어떻게 회사를 운영해야 할까요?
B: 소비자의 요구에 맞는 제품을 개발해야 해요. 그리고 무엇보다 품질 우선의 ______________ 전략을 세워야 해요.

(5) A: 최근 인기 있는 건강식품 업체가 제품에 가짜 원료를 사용했다는 뉴스 봤어요?
B: 네. 정말 충격이었어요. 아무리 이윤을 추구할 권리가 있다고 해도 국민의 건강을 생각해야 할 ______________이/가 있는데 말이죠.

(6) A: 어, 휴대 전화에 아이들 사진이 있네. 그 아이들은 누구야?
B: 요즘 내가 도와주고 있는 아이들이야. 한 달에 만 원씩 ______________ 아이들이 밥도 먹을 수 있고, 학교도 다닐 수 있대. 너도 같이 하자.

(7) A: 민경 씨, '프로 보노(Pro Bono)'라는 말 아세요?
B: 자신의 재능이나 기술을 활용해서 필요한 사람들에게 봉사 활동을 하는 것으로 알고 있어요. 자신이 가진 재능으로 사회에 ______________ 거죠.

(8) A: 한 경제연구소가 취업 준비생을 대상으로 가장 취직하고 싶은 회사는 어떤 회사인가를 조사했는데, 1위가 휴가가 보장되고 구내식당, 탁아 시설이 갖춰져 있는 회사였대.
B: 정말? 의외다. 월급을 많이 주는 회사가 아니라 직원 ______________이/가 잘되어 있는 회사라니.

2. 다음을 읽고 알맞은 것을 고르십시오.

(1) 그는 이번 사건에 책임을 (지고, 맡고) 사직서를 냈다고 합니다.

(2) 서울산업은 법을 (준수하고, 고수하고) 윤리적 책임을 다하는 기업입니다.

(3) 이번 해외 연수에 소요되는 모든 비용은 회사가 (부담한다고, 부정한다고) 합니다.

(4) 김 대리는 이 프로젝트를 (수행하기에, 수련하기에) 적합한 사람이라고 생각됩니다.

(5) 시장을 (독점한, 공유한) 기업은 제품 생산량을 조절하여 가격을 상승시킨다고 합니다.

(6) 그 회장은 인터넷을 통해 직원들과 지속적으로 (활용하는, 소통하는) 것으로 알려져 있습니다.

(7) 최근에는 대학과 생산 현장을 (단절하는, 연계하는) 산학협동에 의한 연구가 활발히 이루어지고 있습니다.

(8) 한국의 영화 산업은 점점 커지면서 요즘은 연간 10조 원 이상의 이익을 (창조하고, 창출하고) 있다고 합니다.

(9) 이화건설은 이번에 새로 지은 아파트를 (공고하기, 홍보하기) 위해 막대한 제작비를 들여 TV 광고를 만들었습니다.

(10) 정부는 수도권을 세계적 경쟁력을 (갖춘, 맞춘) 지역으로 성장시키기 위해 장기적인 발전 계획을 세워 추진하고 있다고 합니다.

memo

전략 익히기

토론 중에 상대방의 의견에서 이해하지 못한 것에 대해 확인 질문을 할 수 있다. 이때 이해하지 못한 부분에 대해 부연 설명을 요청하거나 질문자가 이해한 것이 맞는지 확인할 수 있다. 보통 토론 단계에서 입론 뒤에 확인 질문을 한다.

표현	예문
제가 잘 못 들었는데, 다시 한번 설명해 주시겠습니까?	방금 말씀하신 내용을 **제가 잘 못 들었는데, 다시 한번 설명해 주시겠습니까?**
이해할 수 없는 부분이 있는데 예를 들어 설명해 주시겠습니까?	지금 말씀하신 내용 중에 **이해할 수 없는 부분이 있는데 예를 들어 설명해 주시겠습니까?**
-ㄴ/는다는 말씀이신지요?	신약 개발을 위한 동물 실험은 허용해도 **된다는 말씀이신지요?**
○에 대해 자세히 알고 싶은데 좀 더 설명해 주시겠습니까?	전인 교육 중심의 교실 수업 **개선에 대해 자세히 알고 싶은데 좀 더 설명해 주시겠습니까?**

예

다음은 '원자력 발전소'에 대한 내용입니다. 상대방의 의견에 대해 확인 질문을 해 보십시오.

논제: 원자력 발전소가 추가 건설돼야 한다.

상대방 의견	확인하고 싶은 내용
원자력 발전은 태양에너지, 풍력 발전 등과 같은 친환경 발전보다 효율성과 경제성을 갖고 있기 때문에 추가 건설되어야 한다.	원자력 발전소가 가지고 있는 효율성과 경제성은 무엇인가

⇩

원자력 발전은 친환경 발전보다 효율성, 경제성이 높다고 하셨는데요. 원자력 발전소가 어떤 효율성과 경제성을 **가지고 있는지에 대해 자세히 알고 싶은데 좀 더 설명해 주시겠습니까?**

tip

● 자진해서 말할 때 사용하는 표현

- 제가 먼저 얘기해도 될까요?
- 제가 먼저 얘기하겠습니다.
- 그것에 대해서 제가 답변을 하고 싶은데요.
- 그 질문에 대해서는 제가 답변을 드리겠습니다.

연습 다음을 보고 상대방의 의견에 대해 확인 질문을 해 보십시오.

1. '미인 대회'에 대한 내용입니다.

논제: 미인 대회는 없어져야 한다.

상대방 의견	확인하고 싶은 내용
미인 대회는 여성들만을 무대 위에 놓고 지식이나 재능이 아닌 외모만을 중심으로 평가하고 판단한다. 여성에 대한 차별적인 생각을 갖게 한다. 그러므로 미인 대회는 없어져야 한다.	미인 대회가 여성에 대한 차별적 생각을 갖게 한다는 것은 무엇인가

2. '학생 두발 제한'에 대한 내용입니다.

논제: 학생의 두발 제한은 필요하다.

상대방 의견	확인하고 싶은 내용
염색, 파마 금지 등 학생 두발 제한은 민감한 시기의 청소년 간 위화감을 줄일 수 있다. 그러나 두발 자유는 학생들의 외모에 대한 지나친 관심을 부추겨 불필요한 시간을 낭비할 수 있다. 그러므로 최소한의 규제인 두발 제한이 반드시 필요하다.	두발 제한이 청소년 간 위화감을 줄일 수 있다는 것에 대한 구체적인 사례는 무엇인가

3. '자율 주행 자동차 보편화'에 대한 내용입니다.

논제: 자율 주행 자동차의 보편화는 불가피하다.

상대방 의견	확인하고 싶은 내용
컴퓨터가 운행하는 자율 주행 차량은 사람이 운전하는 차량보다 기존 도로로도 사람과 물자를 더 많이 수송할 것이다. 또한 교통 체증도 해결할 수 있다. 따라서 자율 주행 자동차의 보편화는 불가피하다고 확신한다.	자율 주행 자동차가 교통 체증을 어떻게 해결할 수 있는가

1. 다음은 기업의 사회적 책임 중 지역 사회 공헌에 대한 한국 기업의 사례입니다. 여러분 나라에서는 기업의 지역 사회 공헌이 어떻게 수행되고 있는지 이야기해 보십시오.

'오뚜기'는 장애인 학교와 장애인 재활센터를 운영하는 밀알재단의 '굿윌 스토어(Goodwill Store)'를 통해 오뚜기가 생산하는 주요 선물세트 조립 작업을 맡기고 있다.

'유한킴벌리'는 회사의 특성상 산림을 훼손하게 되므로 산림 복구의 중요성을 인식하여 '우리강산 푸르게푸르게' 캠페인을 전개하여 나무를 심고 숲을 가꾸는 일을 꾸준히 해 오고 있다.

2. 다음은 기업의 지역 사회 공헌에 대한 찬반 의견입니다. 각각의 주장하는 내용이 무엇인지 이야기해 보십시오.

(1) 찬성 입장

- 기업은 사회의 일원으로서 지역 사회 공헌에 대한 책임을 다해야 한다.
- 기업 이미지를 개선해 주어 기업 경영에 긍정적으로 작용하게 된다.
- 기업의 사회적 책임은 불리한 듯 보이나 결국은 더욱 큰 이윤 창출과 조직 구성원 간의 유연성 등을 가져다 줄 수 있다.

(2) 반대 입장

- 기부, 봉사 등의 활동은 기업이 해야 하는 것이 아니라 정부의 책임이다.
- 기업은 이미 너무 많은 힘을 가지고 있는데 여기에 사회적 책임까지 가지게 되면 기업의 역할은 더욱 커지고 이에 따라 그 영향력도 더욱 커질 것이다.
- 경제학자 밀턴 프리드먼(Milton Friedman)은 기업은 경제적 주체이고, 기업의 본질적 기능은 이윤 추구이므로 기업은 합리적으로 이윤을 추구하는 것이 사회적 책임을 다하는 길이라고 말한다.

3. 다음 논제에 대해 찬반토론을 하려고 합니다. 자신의 입장을 정하고 주장의 근거를 정리해 보십시오.

논제: 기업은 지역 사회에 공헌해야 한다.	
입장	□찬성 □반대
근거	• • • •

4. '기업은 지역 사회에 공헌해야 한다'는 논제에 대해 찬반 토론을 하십시오. 상대방의 의견에 대해 확인 질문하면서 다음 순서로 진행하십시오.

입론하기 → 확인 질문하기 → 반론하기 → 최종 발언하기

tip

● 토론 순서

입론하기	논제에 대한 자신의 입장 표명하기
확인 질문하기	상대방의 의견에서 이해하지 못한 것에 대해 확인 질문하기
반론하기	상대방의 의견에 대해 반론하기
최종 발언하기	찬성, 반대 모두 가장 중요한 논거를 강조하면서 토론의 마지막 발언하기

5. 토론에서 이야기한 내용을 바탕으로 기업의 지역 사회 공헌에 대한 자신의 주장을 정리해서 써 보십시오.

생각 넓히기

다음은 지역 사회에 공헌하고 있는 기업의 사진입니다. 지역 사회에 공헌하고 있는 기업 사례를 찾아서 이야기해 보십시오.

유한양행

포스코

Q

1. 인간은 태어나서부터 죽을 때까지 어떤 발달 단계를 거칠 것 같습니까?

2. 여러분은 인간의 발달 단계에서 어디에 있습니까?
여러분이 속한 단계에서 겪는 중요한 변화에는 무엇이 있습니까?

제8과 인간의 발달

【듣기】 정서 발달

어휘 익히기 영아기 정서 발달 관련 어휘
전략 익히기 표로 도식화하여 필기하기
듣기 정서 발달에 대한 강의 듣기

【말하기】 한국인의 결혼관

어휘 익히기 결혼 관련 어휘
전략 익히기 설문 조사 결과 수치로 설명하기
말하기 한국인의 결혼관 조사 발표하기

08 듣기

정서 발달

준비하기

1. 인간의 정서는 전 생애를 걸쳐서 지속적으로 변화하고 발달합니다. 출생 직후에 아이들의 정서에는 어떠한 변화가 일어날 것 같습니까? 영아기에 인간의 정서가 어떻게 발달할 것 같은지 이야기해 보십시오.

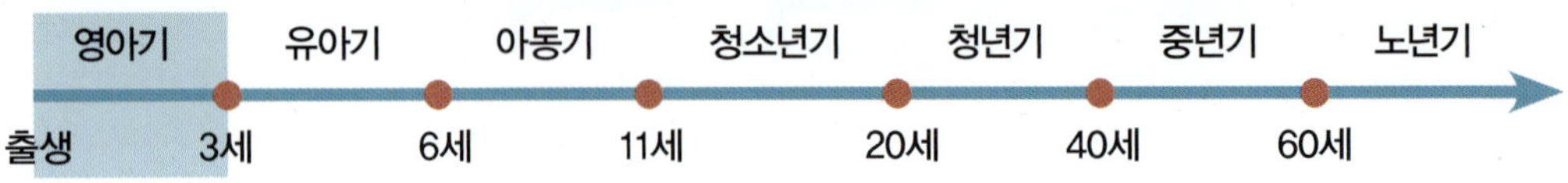

2. 다음은 영아기 아이들의 정서를 살펴보기 위한 실험의 일부입니다. 다음을 보고 아이, 어머니, 낯선 사람이 방에 같이 있다가 어머니가 나갔을 때 그리고 어머니가 다시 방으로 들어왔을 때 아이의 반응이 어떨지 이야기해 보십시오.

(1)

아이, 어머니, 낯선 사람이 같이 있다. → 어머니가 방에서 나간다. → ?

(2)

아이와 낯선 사람이 같이 있다. → 어머니가 다시 방으로 들어온다. → ?

어휘 익히기

1. 다음은 영아기 정서 발달과 관련된 어휘입니다.

(1) 잘 듣고 빈칸에 알맞은 어휘를 써 보십시오. 그리고 어휘의 의미를 추측해 보십시오. 46

① 소설 속의 인물들은 대개 몇 가지 ______________으로 구분할 수 있습니다.

② 아이의 올바른 성장을 위해 부모의 ______________이 무엇보다 중요합니다.

③ 이 책에는 ______________로서 부모가 알아야 할 내용이 잘 정리되어 있습니다.

④ 일부 기업에서는 신입 사원을 선발할 때 ______________ 검사를 실시하고 있습니다.

⑤ 그는 자신이 운영하는 서점에 ______________을 가지고 발전을 위해 힘쓰고 있습니다.

⑥ 그 사람을 생각하면 잊고 싶으면서도 잊고 싶지 않은 ______________을 느끼곤 합니다.

⑦ 개인주의가 심해짐에 따라 사람과 사람 사이의 ______________가 약해져 가고 있습니다.

⑧ 저희 할아버지는 자신에게는 엄격하면서도 ______________에게는 관대한 분이셨습니다.

(2) 다음은 (1)에서 들은 어휘의 의미입니다. 알맞은 어휘를 찾아 써 보십시오.

① 나 말고 다른 사람 ______________

② 아이를 보살피고 키우는 사람 ______________

③ 둘 이상을 서로 연결하는 관계 ______________

④ 자기가 당연히 해야 할 일 또는 책임 ______________

⑤ 몹시 사랑하거나 끌려서 떨어지지 않음 ______________

⑥ 각 개인이 가지는 사고와 태도 및 행동 특성 ______________

⑦ 성질이나 특징 등이 공통적인 것끼리 묶은 하나의 틀 ______________

⑧ 서로 맞지 않는 것들이 결합했을 때 오는 복잡한 감정 ______________

2. 다음을 듣고 물음에 답하십시오.

(1) 들은 어휘에 V표 해 보십시오. 그리고 어휘의 의미를 추측해 보십시오. 47

☐ 혼란	☐ 달래다
☐ 회피	☐ 모순되다
☐ 분리	☐ 반응하다
☐ 재결합	☐ 저항하다

(2) 빈칸에 들어갈 어휘를 (1)에서 골라 알맞게 써 보십시오.

① 어머니가 보고 싶다고 계속 우는 아이를 ______________ 무척 힘들었습니다.

② 그 사람은 오늘따라 너무 피곤해서 그런지 가벼운 농담에도 날카롭게 ______________.

③ 아이가 아버지만 보면 가까이 가지 않고 피하는 ______________ 증상을 보이고 있습니다.

④ 불이 나자 선생님들은 ______________을/를 수습하고 학생들을 학교 밖으로 내보냈습니다.

⑤ 이 글은 앞부분과 뒷부분의 내용이 논리적으로 맞지 않고 ______________ 때문에 수정이 필요합니다.

⑥ 회사의 임직원들은 회사가 팔리는 것에 반대하여 격렬하게 ______________ 아무 소용이 없었습니다.

⑦ 성격 차이로 별거 중이던 그들 부부는 ______________을/를 권유하는 가족들의 말에 다시 합치기로 했습니다.

⑧ 기업의 발전을 위해 소유주가 회사를 직접 경영하는 것이 아니라 전문 경영인에게 경영을 맡기는, 소유와 경영의 ______________이/가 필요한 시점입니다.

전략 익히기

강의를 들을 때 주요 내용을 표로 도식화해서 필기하면 내용을 더 잘 이해할 수 있고 복습할 때 내용을 한눈에 파악할 수 있어서 좋다. 특히 대상을 유형에 따라 분류하거나 차이점을 대조하거나 시대에 따라 특징을 연대기적으로 설명하는 등의 강의를 들을 때는 표로 도식화해서 필기하는 것이 매우 효과적이다.

예

다음은 '영유아기 정서 발달'에 대한 내용입니다. 표로 도식화해서 필기해 보십시오. 48

영유아기의 정서 발달을 살펴보면, 우선 영아기에는 희로애락과 같은 기본 감정이 발달하게 되고요. 또 타인의 감정을 판별할 수 있게 됩니다. 엄마의 표정과 목소리를 통해서 엄마가 어떤 기분인지 판별을 하게 되지요. 아이들이 자라서 유아기가 되면요. 감정이 더 세분화되고 다양화됩니다. 그러면서 자신과 타인의 감정을 인식하고 이해하기 시작합니다. 이를테면 영아기 때는 '엄마 화났네.', '엄마 웃네?' 이 정도로만 판별하던 아이들이 유아기가 되면 '엄마가 이런 때 이런 감정을 느끼는구나.' 이렇게 인식하게 되고, 자기에 대한 감정도 '내가 왜 이러는 거지?' 하고 조금씩 이해하기 시작하는 거지요.

⇩

	영아기	유아기
정서 발달	• 기본 감정이 발달함 • 타인의 감정을 판별함	• 감정이 세분화되고 다양화됨 • 자신과 타인의 감정을 인식하고 이해함

연습 다음을 듣고 표로 도식화해서 필기해 보십시오.

1. '연극의 연기와 영화의 연기'에 대한 내용입니다. 49

	연극	영화
연기의 특징		

2. '듣기 교육'에 대한 내용입니다. 50

듣기의 중요성
일상생활에서 가장 큰 비중을 차지함

3. '인간관계의 거리'에 대한 내용입니다. 51

인간관계	상대와의 거리	대표적인 예
	45.7cm 미만	어머니와 아기, 애인 사이
개인적 거리		
	1.2m~3.7m	
공적 거리		강의나 연설에서 화자와 청중 사이

1. 다음은 정서 발달에 대한 강의입니다. 강의를 들으면서 표로 도식화해서 필기해 보십시오. 52

- 낯선 상황 절차
  - 에인스워스가 고안함
  - ______________, 재결합, 낯선 사람의 출현 등 여덟 개의 상황으로 이루어짐
  - ______________________________ → 총 약 25분 소요

- 애착 유형별 행동 특성

행동 특성 / 유형	어머니가 나갔을 때	______________
안정형	______________	어머니에게 안기고 쉽게 달래짐
________	울지 않음	______________
저항형	______________	어머니를 밀거나 때림
________	어머니를 찾으러 감	______________

2. 강의를 다시 듣고 물음에 답하십시오.

(1) 애착에 대한 설명으로 강의에서 이야기하지 않은 것은 무엇입니까?

① 아이들이 양육자에게 가까이 하려는 모든 행동을 애착 행동이라고 한다.
② 애착은 영아와 주 양육자 사이에 친밀하고 강한 정서적인 유대 관계를 말한다.
③ 영아기 아이들은 자신의 배고픔을 해결해 주는 사람에게 애착을 형성하게 된다.

(2) 애착 유형별 아이의 행동 특성으로 맞는 것은 무엇입니까?

① 회피형 애착의 아이는 낯선 사람보다 어머니에게 친밀하게 대한다.
② 저항형 애착의 아이는 엄마에 대해서 모순적인 양가감정을 가지고 있다.
③ 혼란형 애착과 안정형 애착의 아이는 어머니를 다시 만났을 때 유사한 반응을 보인다.

(3) 들은 내용과 같은 것은 무엇입니까?

① 애착 유형 중 가장 불안정적인 것은 회피형 애착이다.
② 네 가지 애착 유형 중에서 두 가지가 불안정 애착이다.
③ 에인스워스는 실험을 통해서 애착의 유형을 분류했다.

(4) 이어질 내용으로 알맞은 것은 무엇입니까?

① 애착이 아동기 정서 발달에 미치는 영향
② 부모의 애착 경험과 양육 태도의 상관관계
③ 아이의 애착 유형에 따른 부모의 양육 태도

생각 넓히기

여러분은 어린 시절에 부모님과 관계가 어땠습니까? 또한 현재 다른 사람과의 관계는 어떻습니까? 여러분은 어렸을 때 형성된 부모와의 관계가 성인이 된 현재의 대인 관계에도 영향을 미친다고 생각합니까? 이야기해 보십시오.

어린 시절 부모님과의 관계	
현재 다른 사람과의 관계	

08
말하기

한국인의 결혼관

준비하기

1. 다음은 결혼한 사람들의 모습 중 일부입니다. 그림을 보고 어떤 상황인지 이야기해 보십시오.

가사 분담 문제

고부 갈등

부부 갈등

2. 여러분은 결혼에 대해 어떻게 생각합니까? 여러분의 생각과 일치하는 것에 V표 하고 여러분의 결혼관에 대해 이야기해 보십시오.

- ☐ 연애와 결혼은 별개이다.
- ☐ 국제결혼에 대해 긍정적이다.
- ☐ 결혼은 선택이지 필수가 아니다.
- ☐ 가족이 반대하는 결혼은 하지 않겠다.
- ☐ 결혼 후에 서로 맞지 않다면 헤어질 수 있다.
- ☐ 사랑한다면 다른 조건은 문제가 되지 않는다.
- ☐ 결혼 전에 먼저 동거를 해 보는 것도 나쁘지 않다.
- ☐ 남자와 여자 모두 결혼하기에 적합한 나이가 있다.

ㄱㄴㄷ 어휘 익히기

1. 다음은 결혼과 관련된 어휘입니다. 보기 에서 알맞은 것을 골라 대화를 완성해 보십시오.

보기

중매를 서다	축의금을 내다	청첩장을 받다	결혼식을 올리다
혼인 신고를 하다	혼수를 준비하다	독신을 고집하다	배우자를 선택하다

(1) A: 수잔 씨는 만난 지 얼마 만에 결혼했어요?
B: 3년간 사귀다가 ____________________.

(2) A: 장소이 씨도 마이클 씨한테 ____________________?
B: 네, 어제 받았어요. 결혼식이 이번 달 20일이던데요.

(3) A: 한국에서는 친한 친구가 결혼하면 보통 어떤 선물을 해요?
B: 선물을 하는 경우도 있지만 보통 ____________________ 경우가 많아요.

(4) A: 민호 씨가 다음 주말에 결혼한대요. 그런데 신붓감은 누가 소개해 줬대요?
B: 최근에 민호 씨 이모가 ____________________.

(5) A: 사람들은 ____________________ 때 뭘 가장 중요하게 생각할까요?
B: 뭐니 뭐니 해도 배우자 성격이 가장 중요하다고 하지 않을까요?

(6) A: 어제 신문을 보니까 미혼 여성 중 결혼을 안 하겠다는 사람이 17.8%나 된대요.
B: 정말요? ____________________ 여성이 그렇게 많은지 몰랐어요.

(7) A: 미영 씨, 오늘 오후에 바빠요?
B: 네. 구청에 가서 ____________________. 결혼한 지 두 달이 지났는데 아직 못했거든요.

(8) A: 어제 신혼집에 넣을 냉장고랑 세탁기 사러 갔다가 동진 씨랑 싸웠어요. 준비할 건 많고 시간은 없고…….
B: 보통 ____________________ 자주 싸우더라고요. 스트레스가 쌓여서 그런가 봐요.

2. 다음을 읽고 알맞은 것을 고르십시오.

(1) 이번 설문 결과로 (나타난, 사라진) 의견들이 곧 정책에 반영될 예정입니다.

(2) 설문 조사를 한 후, 그 결과를 알기 좋게 통계를 (내서, 해서) 그래프로 작성해 봤습니다.

(3) 지난 2014년 브라질 월드컵 경기에서 월등한 실력으로 독일이 우승을 (이겼습니다, 차지했습니다).

(4) 이번 설문 조사는 4년제 대학에 재학 중인 남녀 대학생 300명을 대상으로 (실시되었습니다, 발표했습니다).

(5) 요즘 20대 젊은이들이 무엇을 고민하고 있는지에 대해 조사한 결과가 오늘 신문에 (올렸습니다, 실렸습니다).

(6) 학교의 책임자에게 이번 일에 대해 어떻게 생각하는지 듣고 싶어서 인터뷰를 (고소했습니다, 요청했습니다).

(7) 담임 선생님은 학생들에게 좋아하는 과목, 장래 희망, 직업 등에 대해 묻는 설문지를 (걸렸습니다, 돌렸습니다).

(8) 조사 결과에 따르면 한국 20대들은 한국 사회가 비교적 남녀가 평등한 사회라고 (인식하고, 선택하고) 있었습니다.

(9) 한국인 50~60대들에게 가고 싶은 관광지를 물었는데 휴양지보다는 등산을 할 수 있는 산을 (선호했습니다, 신뢰했습니다).

(10) 외국인 관광객들에게 서울에서 가장 인상 깊은 곳을 (조사한, 응답한) 결과, 명동(40.6%), 동대문과 남대문시장(33.1%), 고궁(13%) 순이었습니다.

memo

전략 익히기

설문 조사 결과 수치로 설명하기

조사 응답 결과를 발표할 때 응답자 수나 응답 비율, 순위와 같은 객관적인 수치로 설명하는데 이때 응답이 많은 것에서부터 적은 것 순으로 말한다. 그리고 조사 결과를 잘 이해할 수 있도록 표나 그래프를 활용하면 좋다.

표현	예문
'-ㄴ/는다'는 응답이 ○%를 차지했습니다.	'결혼은 필수가 아닌 **선택이다.'는 응답이 65%를 차지했습니다.**
전체 응답자의 ○%가 -ㄴ/는다고 응답했습니다.	**전체 응답자의 60%가** 김민호 후보를 **지지한다고 응답했습니다.**
○을/를 조사한 결과 ○, ○, ○ 순이었습니다.	여성이 선호하는 **직업을 조사한 결과** 교사, 공무원, 간호사 **순이었습니다.**
○을/를 조사했는데 그 결과 ○, ○, ○ 순으로 나타났습니다.	외국인에게 인기 많은 한국의 **관광지를 조사했는데 그 결과** 제주도, 남이섬, 설악산 **순으로 나타났습니다.**

예

다음은 '미혼 남성의 배우자 선택 조건'에 대한 설문 조사 결과입니다. 설문 조사 결과를 수치로 설명해 보십시오.

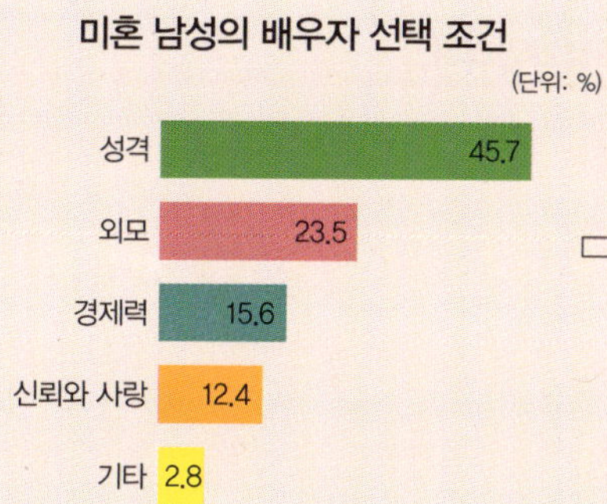

미혼 남성의 배우자 선택 **조건을 조사한 결과, '성격'이라는 응답이 45.7%를 차지했고,** 그다음으로 '외모(23.5%)', '경제력(15.6%)', '신뢰와 사랑(12.4%)' **순이었습니다.**

연습 다음을 보고 조사 결과를 설명해 보십시오.

1. '미혼 여성의 배우자 선택 조건'에 대한 설문 조사 결과입니다.

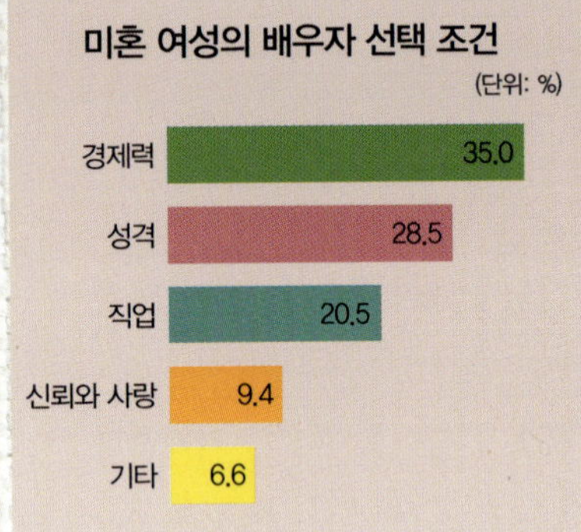

2. '한국을 방문한 외국인이 좋아하는 한국 음식'에 대한 설문 조사 결과입니다.

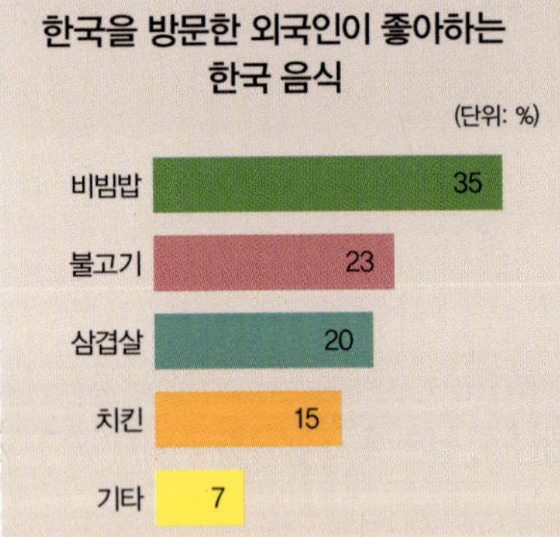

3. '한국 사람들이 많이 가는 해외여행지'에 대한 설문 조사 결과입니다.

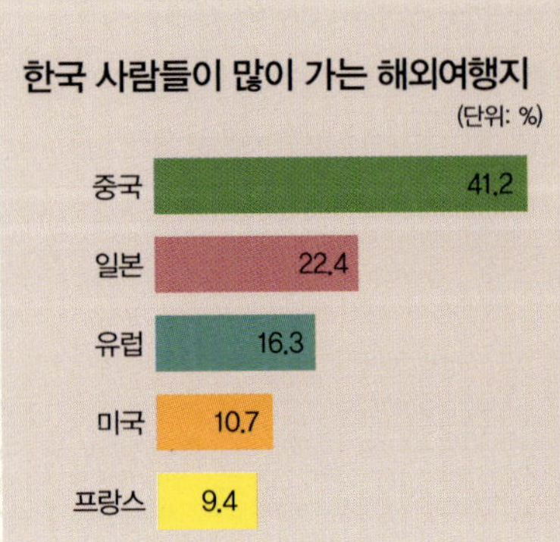

1. 한국인의 결혼관에 대해 조사해서 발표하려고 합니다. 다음을 읽고 설문 조사 계획을 세워 보십시오.

(1) 다음을 참고로 하여 조사 대상과 주제를 정해 보십시오.

조사 대상	
조사 주제	□ 연애와 결혼 상대에 대한 인식 □ 국제결혼에 대한 인식 □ 이혼에 대한 인식 □ 기타 ( )

(2) 여러분이 선택한 조사 대상과 주제를 바탕으로 설문지를 만들려고 합니다. 어떤 내용을 설문지에 넣으면 좋을지 메모해 보십시오.

조사 내용	• • • •

2. 한국인의 결혼관을 조사하기 위한 설문지를 보기 를 참고하여 작성해 보십시오.

보기

연애와 결혼 상대에 대한 인식 조사

안녕하세요? 저는 이화여자대학교에서 한국어를 공부하고 있는 ______________ 입니다. 이 설문지는 한국인 미혼 남녀가 생각하는 연애와 결혼 상대에 대한 인식을 조사하는 것입니다. 여러분의 성의 있는 답변을 바랍니다. 아울러 이 설문의 결과는 연구의 목적으로만 사용될 것입니다. 감사합니다.

Ⅰ. 개인 정보

성별	□ 남성 □ 여성
연령	( )세

Ⅱ. 다음을 읽고 물음에 답해 주세요.

1. 귀하는 결혼을 할 것입니까?
   ① 할 것이다.
   ② 안 할 것이다.

2. 연애와 결혼이 별개라고 생각합니까?
   ① 별개로 생각한다.
   ② 다르지 않다고 생각한다.

3. 다음에서 연애 상대의 조건으로 가장 중요하다고 생각하는 것 세 개를 골라 ∨표 하세요.
   ① 외모 (　　)
   ② 성격 (　　)
   ③ 경제력 (　　)
   ④ 학벌 (　　)
   ⑤ 나이 (　　)
   ⑥ 직업 (　　)
   ⑦ 집안 환경 (　　)
   ⑧ 기타 (　　　　　　　　)

4. 다음에서 결혼 상대의 조건으로 가장 중요하다고 생각하는 것 세 개를 골라 ∨표 하세요.
   ① 외모 (　　)
   ② 성격 (　　)
   ③ 경제력 (　　)
   ④ 학벌 (　　)
   ⑤ 나이 (　　)
   ⑥ 직업 (　　)
   ⑦ 집안 환경 (　　)
   ⑧ 기타 (　　　　　　　　)

5. 3번과 4번 응답 순위가 같습니까? 다릅니까? 그 이유는 무엇입니까?
   ① 같다. (이유:　　　　　　　　)
   ② 다르다. (이유:　　　　　　　　)

3. 조사 결과를 메모해 보십시오.

<table>
<tr><td>처음</td><td></td></tr>
<tr><td rowspan="2">중간</td><td>• 조사 대상
–
–
–</td></tr>
<tr><td>• 조사 결과
–
–
–
–</td></tr>
<tr><td>끝</td><td></td></tr>
</table>

4. 조사한 내용을 바탕으로 한국인의 결혼관을 발표해 보십시오.

5. 다른 사람들의 발표는 어땠습니까? 어떤 점이 좋았습니까? 그리고 새롭게 알게 된 점은 무엇입니까?

생각 넓히기

여러분 나라에서 최근 새롭게 관심을 끄는 결혼 문화가 있습니까? 있다면 어떤 것인지 이야기해 보십시오. 그리고 앞으로 변화되었으면 하는 결혼 문화가 있다면 어떤 것이 있습니까? 이야기해 보십시오.

Q

1. 과학은 우리 생활에 어떠한 영향을 미치고 있습니까?
   현대인의 생활에 가장 많은 영향을 주는 과학 기술은 무엇이라고 생각합니까?

2. 미래의 인간 생활은 현재와 비교하여 어떻게 변화할 것 같습니까?
   어떤 분야에서 가장 많이 변화할 것 같습니까?

제9과

과학과 미래

【듣기】 나노 과학

어휘 익히기 **나노 과학 관련 어휘**
전략 익히기 **중요한 내용 파악하기**
듣기 **나노 기술에 대한 강의 듣기**

【말하기】 기상 조절

어휘 익히기 **기상 조절 관련 어휘**
전략 익히기 **부분적으로 동의하며 반론하기**
말하기 **기상 조절에 대해 토론하기**

09

듣기

나노 과학

준비하기

1. 다음은 자연의 원리를 이용하여 만든 것입니다. 자연의 어떠한 원리를 이용한 것인지 생각하고 이야기해 보십시오.

연잎의 돌기

도마뱀붙이 발바닥의 솜털

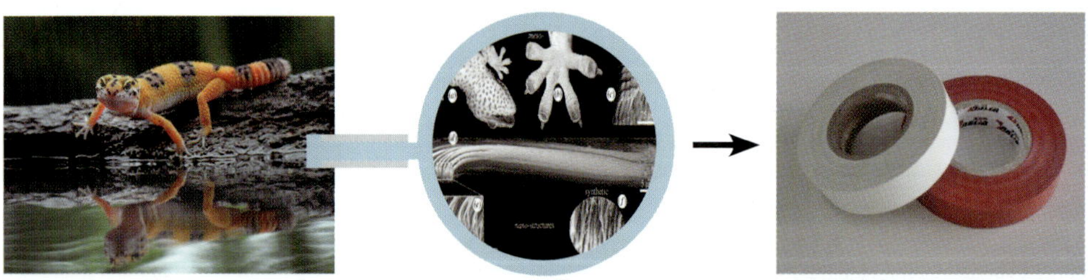

2. 다음은 나노에 대한 설명입니다. 다음을 읽고 나노 과학이 무엇인지 이야기해 보십시오.

나노

나노는 10억분의 1을 나타낸다. 즉, 나노세컨드(ns)는 1/1,000,000,000초, 나노미터(nm)는 1/1,000,000,000m를 가리킨다. 1nm는 머리카락 굵기의 1/100,000 정도의 크기로, 보통 원자 3~4개가 들어간다. 먼지의 크기는 500~1,000nm, DNA의 폭은 1~5nm, 원자 크기가 0.1nm 정도이다.

어휘 익히기

1. 다음은 나노 과학과 관련된 어휘입니다.

(1) 잘 듣고 빈칸에 알맞은 어휘를 써 보십시오. 그리고 어휘의 의미를 추측해 보십시오. 53

① 우리 몸에 가장 많은 ________________은 우리 몸의 70%를 차지하는 물입니다.

② 세균이나 바이러스 같은 미생물은 ________________이 아니면 관찰할 수 없습니다.

③ 한국연구소는 물을 뿌리면 먼지가 떨어지게 하는 ________________를 개발했습니다.

④ 수요와 공급에 의해 가격이 자연스럽게 결정되는 것이 시장 경제의 ________________입니다.

⑤ 저는 이 건물을 통해 현대적인 감각이 녹아 있는 한옥을 ________________ 노력했습니다.

⑥ 수학은 공식만 외운다고 되는 것이 아니라 공식을 문제 풀이에 ________________ 수 있어야 합니다.

⑦ 요즘 아빠의 얼굴과 엄마의 얼굴을 ________________ 태어날 아이의 얼굴을 추측해 보는 것이 유행입니다.

⑧ 그 학교는 ________________의 시설과 교육 기자재를 갖추고 있어 교육 환경이 우수하다는 평가를 받았습니다.

(2) 다음은 (1)에서 들은 어휘의 의미입니다. 알맞은 어휘를 찾아 써 보십시오.

① 물체를 구성하는 본바탕 ________________

② 사물의 근본이 되는 이치 ________________

③ 기존에 없던 새로운 재료 ________________

④ 둘 이상의 것을 하나로 만들다 ________________

⑤ 이론이나 지식을 적용하거나 이용하다 ________________

⑥ 유행이나 시대, 기술 수준 등의 맨 앞 ________________

⑦ 작은 물체를 확대해서 볼 수 있게 하는 기구 ________________

⑧ 사실이나 현상을 구체적인 모습으로 나타나게 하다 ________________

2. 밑줄 친 어휘와 바꿔 쓸 수 있는 것을 골라 보십시오.

(1) 액체는 고체나 기체보다는 끈끈한 <u>성질</u>이 있습니다.

① 성품　　② 특성

(2) 이 종이는 너무 <u>매끄러워서</u> 글씨가 잘 써지지 않는다.

① 거칠어서　　② 부드러워서

(3) 현미경으로 <u>미세한</u> 물체를 확대하여 관찰할 수 있습니다.

① 아주 작은　　② 몹시 웅장한

(4) 하늘에 떠 있는 <u>무수한</u> 별들이 반짝반짝 빛나고 있었습니다.

① 드문　　② 수많은

(5) 그 지역은 온천수가 나오면서 휴양지로 <u>각광</u>을 받게 됐습니다.

① 시선　　② 주목

(6) 최주아 작가의 사인회에 <u>어마어마한</u> 인파가 몰렸다고 합니다.

① 엄청난　　② 으리으리한

(7) 1969년 7월 21일에 아폴로 11호가 달 <u>표면</u>에 착륙했다고 합니다.

① 위　　② 밑

(8) 어제 박영호 씨 딸을 봤는데 머리를 두 <u>갈래</u>로 땋은 모습이 너무 귀여웠어요.

① 가닥　　② 종류

tip

● 나노 과학

나노 과학은 수 나노미터에서 수백 나노미터 크기의 물질을 만들어 내고, 이때 나타나는 새롭고 특이한 성질을 연구하는 학문이다. 나노미터 크기의 물질로 지금까지 없었던 새로운 물질을 만드는 기술을 나노 기술이라고 한다.

전략 익히기

중요한 내용 파악하기

강의에서 중요하지는 않지만 흥미를 끌기 위해 최근의 화제나 개인적 일화를 이야기하기도 한다. 그리고 주제와 관련이 없는 다른 내용을 이야기하다가 '아무튼', '하여간', '다시 돌아가면', '본론으로 가서' 등과 같은 표현이 나오면 강의의 중요한 내용으로 이어지는 경우가 많다. 따라서 강의의 흐름에 따라 중요한 내용과 흥미를 끌기 위해 말하는 부수적인 내용을 구분하면서 들어야 한다.

예

다음은 '생활 속 물리'에 대한 내용입니다. 중요한 내용을 파악해 보십시오. 54

어제 FC서울하고 울산현대 축구 경기에서 후반 40분에 김우민 선수가 프리 킥(free kick)으로 넣은 결승골 본 사람 있어요? 공이 골대 끝으로 가다 중간에 휘어지면서 결국 골대 중앙으로 들어갔는데, 진짜 절묘했지요? 그 장면을 보면서 여러분은 무슨 생각을 했나요? 잘 찼다, 멋지다. 저도 그런 생각을 했는데요. 동시에 어떻게 찼길래 저 방향으로 휘어졌는지 계산하고 있더라고요. 공을 골대 안으로 정확히 넣기 위해서는 발과 공의 위치가 중요하잖아요.

아무튼 물리학은 우리 생활에 밀접하게 연결되어 있는 학문입니다. '축구 선수가 공을 찼는데 공이 어떻게 가다가 휘어지는가?', '피겨스케이팅 선수가 점프를 하는데 어떻게 넘어지지 않는가?' 바로 이런 걸 연구하는 거지요. 이렇게 물리학이란 건 생각보다 훨씬 일상생활 가까이에 있는 재미있는 학문입니다.

⇩

- ☐ 정확히 공을 차기 위해서는 발과 공의 위치가 중요하다. (부수적 내용)
- ☑ 물리학은 일상에서 쉽게 접하는 현상의 원리를 연구한다. (중요한 내용)
- ☐ 물리학자는 TV를 볼 때도 물리적 현상의 원리를 계산한다. (부수적 내용)

연습 다음을 듣고 중요한 내용에 모두 V표 해 보십시오.

1. '우주'에 대한 내용입니다. 55

- ☐ 우주는 점점 커지고 있다.
- ☐ 천문학자 허블(Edwin Powell Hubble)은 다방면에서 재능을 보였다.
- ☐ 허블(Edwin Powell Hubble)은 우주에 많은 은하가 있다는 것을 밝혔다.

2. '악어와 잠수함'에 대한 내용입니다. 56

- ☐ 동해에서 발견된 잠수함은 한 달 동안 바다 속에 있었다.
- ☐ 악어는 잠수함처럼 자유롭게 수면 위를 오르내릴 수 있다.
- ☐ 악어가 몸을 띄우고 가라앉힐 수 있는 것은 위에 보관한 돌 때문이다.

3. '풍력 에너지'에 대한 내용입니다. 57

- ☐ 풍력 발전소는 바다 근처에 많이 세워졌다.
- ☐ 제주도는 바람이 많이 불어 집을 지을 때 돌로 담을 쌓는다.
- ☐ 풍력으로 전기를 얻으려면 초속 5m 이상의 바람이 불어야 한다.

1. 다음은 나노 기술에 대한 강의입니다. 강의를 들으면서 필기해 보십시오. 58

1. 나노 기술

① 나노

- 유래: 그리스어 나노스(nanos)
- 의미: ______________________

  아주 작음

  예) 나노미터: 머리카락보다 8만 배 작음

  ____________ = 서울과 부산까지의 거리 vs. 새끼손가락 길이

② 나노 기술

- ______________________
- 미국의 노벨물리학상 수상자: 브리태니커 24권 내용 → 압정 하나
- 작은 물질로 새로운 세상을 만듦

2. 나노 기술과 생활

	연잎	도마뱀붙이
특징	• ____________	• ____________ • 벽이나 천장을 돌아다님
원리	• 표면의 털과 돌기 → ____________	• ____________ → 빨판 역할
활용	• ____________ • 건물이나 자동차의 왁스	• ____________ • 접착력 좋은 청소기

2. 강의를 다시 듣고 물음에 답하십시오.

(1) 이 강의의 주제는 무엇입니까?

① 차세대 나노 소재
② 나노 물질의 성질
③ 생활 속 나노 기술

(2) 강의에서 설명한 나노 기술에 대한 내용과 같은 것은 무엇입니까?

① 나노 기술을 자연에 적용시킨다.
② 1959년에 리처드 파인만 교수가 개발했다.
③ 원래의 물질을 전혀 다른 성질의 물질로 만들 수 있다.

(3) 강의자가 말한 도마뱀붙이의 특징 중 중요한 내용은 무엇입니까?

① 도마뱀붙이는 동남아시아 지역에서 많이 산다.
② 도마뱀붙이는 발의 움직임이 매우 빨라 잡기 어렵다.
③ 도마뱀붙이는 체중의 100배까지 무게를 지탱할 수 있다.

(4) 뒤에 이어질 내용으로 알맞은 것은 무엇입니까?

① 나노 물질의 종류
② 나노 기술의 탄생
③ 나노 기술과 미래 사회

생각 넓히기

우리가 사용하는 다양한 제품 중에는 식물 또는 동물을 모방하여 만든 것이 많습니다. 자연에서 아이디어를 얻어서 만든 제품에 대해 찾아 이야기해 보십시오.

민들레 씨앗

⇨

패러글라이더

단풍나무 열매

⇨

비행기 프로펠러

도꼬마리 열매

⇨

벨크로(velcro)

09
말하기

기상 조절

준비하기

1. 앞으로 기후가 어떻게 변화할까요? 기후 변화로 인해 어떤 문제들이 생길 수 있는지 다음을 참고하여 이야기해 보십시오.

사막화

홍수

폭설

식수 부족

2. 다음은 미래에 들을 수 있는 일기 예보입니다. 여러분은 기상을 인공적으로 조절한다는 이런 일기 예보를 들으면 어떨 것 같습니까? 여러분의 생각을 이야기해 보십시오.

"일기 예보를 말씀드리겠습니다. 오늘 경북 지역은 겨울 가뭄이 지속되고 있어서 심야 시간을 이용해 약 10㎝의 눈을 뿌려 드릴 예정입니다. 반면 서울 경기 지역은 예상보다 많은 눈으로 교통이 혼잡할 수 있기 때문에 오전 일곱 시를 기점으로 내리는 눈을 중단시킬 예정입니다."

어휘 익히기

1. 다음은 기상 조절과 관련된 어휘입니다. 보기에서 알맞은 것을 골라 대화를 완성해 보십시오.

보기

강우량	기류	기체	수자원
응결하다	착안하다	관측하다	제어하다

(1) A: 사진기는 어떻게 발명하게 됐을까요?
B: 제가 책에서 봤는데요. 눈의 구조를 보고 ________________ 만든 거래요.

(2) A: 수증기는 어떻게 물이 되는 거죠?
B: 수증기가 차가운 물체와 만나면 서로 뭉치고 ________________ 물이 되는 거예요.

(3) A: 몇 달 동안 비가 거의 오지 않아서 농작물이 말라 죽어 간다는 뉴스 봤어요?
B: 네. 중부 지방이 가장 심각한데 ________________ 이/가 예년에 비해 50%가 줄었대요.

(4) A: 이 앱(application)만 있으면 휴대 전화로도 자동차를 운전할 수 있대요.
B: 정말요? 이젠 휴대 전화 하나로 자동차를 ________________ 수 있는 시대가 되었네요.

(5) A: 선생님, 지구는 공기로 둘러싸여 있는데요. 그럼 공기는 무엇으로 되어 있나요?
B: 주로 질소(N_2)와 산소(O_2)로 이루어져 있고, 그 외에 이산화탄소(CO_2) 같은 ____________ 이/가 포함되어 있어요.

(6) A: 어제 뉴스 봤어요? 새로운 인공위성 발사에 성공했대요.
B: 네. 그래서 이제는 기후가 어떻게 변화될지 기상의 변화까지 ________________ 수 있게 되었대요.

(7) A: 정부가 2060년에는 한국도 물 부족 국가가 될 거라고 발표했대요.
B: 저도 들었어요. 그래서 ________________ 을/를 확보하기 위해 바닷물을 활용하는 기술을 개발하고 있다고 하더라고요.

(8) A: 바다 속에 물이 흐르는 길인 해류가 있는 것처럼 하늘에도 이런 흐름이 있대요.
B: 네. 맞아요. 그걸 ________________(이)라고 하는데 그 공기의 흐름과 비행 방향이 같으면 비행기를 밀어 주니까 비행 속도도 빨라지고 비행시간도 단축되는 거예요.

2. 밑줄 친 어휘와 의미가 유사한 어휘를 보기에서 찾아 써 보십시오.

보기

냉각하다	대비하다	사라지다	살포하다	시달리다
우려되다	조작하다	측정하다	파괴하다	해소하다

(1) 어제 내린 비는 오랜 가뭄을 해결하기에 부족합니다.
( )

(2) 이 약은 부작용이 걱정돼 판매가 중지되었다고 합니다.
( )

(3) 세종대왕은 강수량을 재기 위해 측우기를 만들었습니다.
( )

(4) 시민들은 자연을 망가뜨리는 댐 건설은 막아야 한다고 주장했습니다.
( )

(5) 그는 노후를 미리 준비하기 위해 20대부터 꾸준히 저축을 하고 있습니다.
( )

(6) 우리 공장은 기계를 잘 다룰 줄 아는 사람을 우선적으로 채용할 계획입니다.
( )

(7) 물이 부족하면 인간은 각종 질병, 가뭄 등으로 계속 고통을 받게 될 것입니다.
( )

(8) 정수기는 정수된 물을 빠른 속도로 차게 해서 냉수를 계속 제공하는 게 특징입니다.
( )

(9) 요즘 농약을 뿌리지 않은 친환경 과일과 채소가 비싼 가격에도 인기가 높다고 합니다.
( )

(10) 공룡과 같이 몸이 큰 동물이 멸종하게 된 이유는 온도 변화에 적응하지 못했기 때문입니다.
( )

토론은 찬성과 반대 양측의 입론에서 제시된 의견에 대해 동의 또는 반론하며 진행된다. 부분적으로 동의하며 반론하기는 상대측의 의견에 대해 부분적으로 동의할 때나 반대 의견을 효과적으로 제시할 때 사용할 수 있다.

표현	예문
반드시 -(으)ㄴ/는 것 같지는 않습니다.	유아기에 외국어를 배우는 것이 긍정적인 측면이 있기는 하지요. 그렇지만 **반드시** 유아기에 외국어 학습이 **필요한 것 같지는 않습니다**.
그런 면이 없지는 않지만	존엄사를 허용하는 것은 자살을 법적으로 인정하는 것이 된다고 하셨는데요. **그런 면이 없지는 않지만** 누구나 고통스럽게 생명을 연장시키는 것은 원하지 않을 것입니다.
그렇지 않은 경우도 있는 것 같습니다.	외모도 경쟁력이라는 주장도 일리가 있지만 **그렇지 않은 경우도 있는 것 같습니다**. 외모로 타인에게 좋은 느낌을 줄 수는 있겠지만 일에 대한 능력은 외모를 통해서 알 수 없는 것입니다.
-다는 점은 저도 인정합니다만	시험으로 인한 학생들의 스트레스가 **심각하다는 점은 저도 인정합니다만** 학교 시험을 폐지하기보다 교육 체계를 바꾸는 것이 더 필요합니다.

예

다음은 어린이집 CCTV 설치에 대한 토론 내용입니다. 상대방의 의견에 대해 부분적으로 동의하며 반론해 보십시오.

논제: 어린이집 CCTV 설치는 의무화해야 한다.

상대방의 의견	나의 반론
아직 의사 표현을 잘 못 하는 아이들의 인권 보호 차원에서 필요하다.	교사들의 인권도 중요하며, CCTV가 어린이집 교사들의 관리 수단으로 악용될 수 있다.

⇩

의사 표현을 제대로 못 하는 아이들의 인권 보호가 **중요하다는 점은 저도 인정합니다만** 교사들의 인권도 중요하다고 생각합니다. CCTV가 어린이집 교사들을 관리하는 수단으로 활용되어 교사들 간의 불신과 갈등을 일으킬 수도 있으므로 어린이집 CCTV 설치를 의무화하는 것은 좀 더 신중히 생각해야 할 문제입니다.

tip

● **상대방의 의견에 동의하는 표현**

- 저도 그 의견에 동의합니다.
- 저도 동감입니다.
- 저도 ○ 씨와 같은 의견인데요.
- ○ 씨의 의견에 전적으로 동의하는 바입니다.

연습 **다음의 자료를 보고 상대방의 의견에 대해 부분적으로 동의하며 반론해 보십시오.**

1. '학교 내 휴대 전화 소지'에 대한 내용입니다.

논제: 학교 내 휴대 전화 소지를 금지해야 한다.

상대방의 의견	나의 반론
학생의 학습권과 교사의 수업권을 모두 침해하고 있으므로 학교 내에서 휴대 전화 소지를 금지해야 한다.	학생들이 가족, 친구 등과 연락하지 못하는 시간이 지나치게 길기 때문에 학교 내 휴대 전화 소지는 허용해야 된다.

2. '대학 도서관 개방'에 대한 내용입니다.

논제: 대학은 도서관을 일반인에게 개방해야 한다.

상대방의 의견	나의 반론
국립대, 사립대 모두 정부의 재정 지원 등 사회적 비용으로 만들어졌기 때문에 대학은 시민들의 교육에도 이바지해야 한다.	일반인들이 출입하면서 학생들의 면학 분위기가 흐려지고, 학생들의 학습권이 침해받고 있기 때문에 대학 도서관 개방은 신중히 생각해야 한다.

3. '청소년의 연예 활동'에 대한 내용입니다.

논제: 청소년의 연예 활동은 금지해야 한다.

상대방의 의견	나의 반론
아직 어린 나이이므로 가치관 정립이 완성되지 않은 상태에서 선정적인 요소에 노출이 되면 인성 형성에 매우 부정적인 영향을 끼칠 수 있다.	청소년들의 연예 활동은 그들의 꿈을 이루어 내기 위한 한 과정이며 연예 활동을 하면서 많은 것을 배우고 느끼며 사회생활에 대해 알아 갈 수 있다.

1. 다음은 기후 예측 정보를 활용하여 기상 조절을 하고 있는 미래 사회의 모습입니다. 여러분은 인공적으로 기상을 조절하는 것이 필요하다고 생각합니까? 여러분의 생각을 이야기해 보십시오.

수자원 확보

인공 비, 인공 눈

기상 재해 예측

2. 다음은 기상 조절에 대한 다양한 의견입니다. 기상 조절에 찬성하는 것인지, 반대하는 것인지 골라 보십시오.

(1) 폭우, 폭설, 폭염 같은 극한 기후나 홍수, 가뭄 같은 재해를 유발하는 기상 현상을 예측하고 대응하여 인명, 재산 피해를 줄일 수 있다. □ 찬성 □ 반대

(2) 인공 강우는 미래의 수자원 부족이나 기후 변화 등을 대비할 수 있다. □ 찬성 □ 반대

(3) 인공 비를 만들 때 응결제로 사용한 화학 물질이 누적됐을 때 인체에 영향을 미칠 수도 있으며 토양 오염의 우려가 있다. □ 찬성 □ 반대

(4) 인공 강우를 비롯한 기상 조절 기술에는 요오드화은(AgI)이 가장 흔히 사용되는데 이 물질에 의한 대기 오염이나 환경 파괴는 거의 없다. □ 찬성 □ 반대

(5) 인공 강우를 이용한 국가는 기상 조절로 인한 긍정적 효과를 볼 수 있지만 이동하는 구름을 모두 비로 만들어 다른 지역은 사막화 현상이 일어날 수도 있다. □ 찬성 □ 반대

3. 다음 논제에 대해 찬반토론을 하려고 합니다. 자신의 입장을 정하고 주장의 근거를 정리해 보십시오.

논제: 인공적으로 기상을 조절할 필요가 있다.	
입장	□찬성 □반대
근거	• • •

4. '인공적으로 기상을 조절할 필요가 있다'는 논제에 대해 예상되는 상대방 의견을 예측하고 이에 대한 반론을 메모해 보십시오.

상대방의 의견	나의 반론

5. 기상 조절에 대한 찬반 토론을 하십시오. 토론을 할 때는 다음 순서로 진행하십시오.

입론하기 → 확인 질문하기 → 반론하기 → 최종 발언하기

6. 토론에서 이야기한 내용을 바탕으로 기상 조절에 대한 자신의 주장을 정리해서 써 보십시오.

생각 넓히기

기상 조절 기술처럼 미래 사회에 큰 변화를 가져올 신기술에는 어떤 것이 있습니까? 다음 그림을 참고하여 미래 사회에 달라질 변화상을 추측해서 이야기해 보십시오.

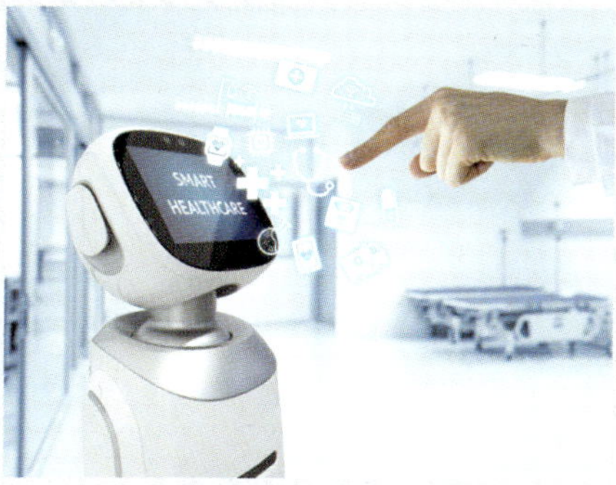

의료 로봇

날아다니는 차

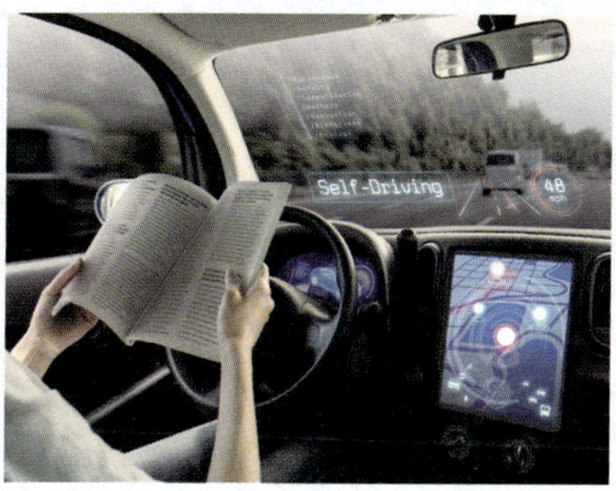

자율 주행 차

빌딩 농장

Q

1. 우리가 역사를 배우고 연구하는 목적은 무엇인 것 같습니까?
   역사를 통해 무엇을 배울 수 있다고 생각합니까?

2. 여러분이 살고 있는 지금의 시대는 후대에 어떻게 기록될 것 같습니까?
   후대에 어떻게 기록되었으면 좋겠습니까?

제10과
역사의 이해

【듣기】 역사적 사실과 해석

어휘 익히기	역사 관련 어휘
전략 익히기	교재 여백에 보충 내용 필기하기
듣기	역사적 사실과 해석에 대한 강의 듣기

【말하기】 역사적 사건

어휘 익히기	역사적 사건 관련 어휘
전략 익히기	사건의 결과 및 평가 말하기
말하기	역사적 사건에 대해 조사 발표하기

10

듣기

역사적 사실과 해석

준비하기

1. 다음은 역사에 대한 다양한 생각입니다. 여러분이 동의하는 것에 V표 하고 왜 그렇게 생각하는지 이야기 해 보십시오.

- ☐ 역사에 대한 해석은 달라질 수 있다.
- ☐ 지나간 과거는 모두 역사가 될 수 있다.
- ☐ 역사책은 객관적인 사실만 기술해야 한다.
- ☐ 모든 인물이나 사건이 다 역사가 될 수 있다.
- ☐ 역사를 통해 현재를 이해하고 미래를 예측할 수 있다.
- ☐ 국가의 발전을 위해 초등학교에서부터 역사 교육을 해야 한다.

2. 다음은 이탈리아의 탐험가인 콜럼버스(Christopher Columbus)에 대한 다양한 평가입니다. 여러분은 콜럼버스가 어떤 인물이라고 생각합니까?

신대륙을 처음 발견했다.

아메리카 대륙 원주민들의 거주지를 빼앗았다.

콜럼버스

원주민들의 문화를 인정하지 않았다.

새로운 땅을 찾아 모험했다.

어휘 익히기

1. 다음은 역사와 관련된 어휘입니다.

(1) 잘 듣고 빈칸에 알맞은 어휘를 써 보십시오. 그리고 어휘의 의미를 추측해 보십시오. 59

① 고려의 멸망 이후 조선이라는 새로운 나라가 ______________.

② 15세기는 유럽의 문화 예술이 가장 왕성했던 ______________ 입니다.

③ 시대는 일반적으로 고대, ______________, 근대, 현대 등으로 구분됩니다.

④ 그 기업은 최근 아시아를 넘어 유럽 지역 시장을 새롭게 ______________.

⑤ 이 책은 저자가 자신의 지나온 인생의 ______________ 를 모아서 쓴 자서전입니다.

⑥ 역사박물관에서 세월의 흐름에 따른 한복의 ______________ 과 특성을 볼 수 있었습니다.

⑦ 우리는 전통문화 속에 간직되어 있는 ______________ 들의 지혜를 후대에 잘 물려줘야 합니다.

⑧ 부끄러운 역사도 ______________ 으로 남겨야 잊지 않고 같은 실수를 반복하지 않을 수 있습니다.

(2) 다음은 (1)에서 들은 어휘의 의미입니다. 알맞은 어휘를 찾아 써 보십시오.

① 먼 조상 ______________

② 글을 적음 ______________

③ 나라가 세워지다 ______________

④ 가장 발전한 시기 ______________

⑤ 지나온 과거의 길 ______________

⑥ 고대와 근대 사이의 시기 ______________

⑦ 시간에 따라 바뀌고 변함 ______________

⑧ 새로운 길을 처음으로 열다 ______________

2. 다음을 듣고 물음에 답하십시오.

(1) 들은 어휘에 V표 해 보십시오. 그리고 어휘의 의미를 추측해 보십시오. 60

☐ 본질적	☐ 취하다
☐ 비판적	☐ 배제하다
☐ 의도적	☐ 들여다보다
☐ 주관적	☐ 재구성하다

(2) 빈칸에 알맞은 어휘를 (1)에서 골라 문장을 완성해 보십시오.

① 역사적 유물을 통해 우리 조상들의 생활 모습을 ______________ 수 있습니다.

② 신문 기사를 읽을 때는 내용이 타당한지 ______________(으)로 읽어야 합니다.

③ 이 연극은 30년 전 큰 인기를 끌었던 작품을 현대적으로 새롭게 ______________ 것입니다.

④ 검찰은 내부의 실수를 감추기 위해 일부러 ______________(으)로 이번 사건을 감추었습니다.

⑤ 그 사람은 찬성인지 반대인지 명확히 말하지 않으면서 애매한 입장을 ______________ 있습니다.

⑥ 역사를 근거 없이 자기 생각대로 ______________(으)로만 해석하면 역사를 왜곡하게 될 수도 있습니다.

⑦ 이 책의 저자는 남자와 여자는 태어날 때부터 말하는 방식에 ______________(으)로 차이가 있다고 주장합니다.

⑧ 농구 선수 김영진이 계속 팀에 남을 것으로 예상되지만 김영진을 영입하려는 사람들의 움직임을 보면 다른 팀으로 옮길 가능성도 ______________ 수 없습니다.

전략 익히기

교재 여백에 보충 내용 필기하기

강의를 들을 때 교재에는 없지만 강의 중에 보충 설명되는 내용을 교재 여백에 필기하면 좋다. 교재에 이미 중심 내용이 있으므로 교재에 없지만 강의 중에 추가로 언급되는 예 등을 간략하게 필기하면 된다. 교재의 여백에 보충 내용을 필기해 두면 이후 교재를 보며 복습할 때 강의 내용을 떠올리고 기억하는 데 도움이 된다.

예

다음은 '파란색의 의미'에 대한 내용입니다. 교재 여백에 보충 내용을 필기해 보십시오. 61

파란색의 의미는 오랜 세월 역사의 흐름에 따라 여러 가지로 변해 왔는데요. 먼저 고대 로마인들은 파란색을 죽음의 색으로 여겼어요. 그러다가 로마제국이 무너지고 중세가 시작됐고, 유럽인들은 왕을 의미하는 색으로 파란색을 사용하기 시작했죠. 성모 마리아를 상징하는 색으로도 사용했고요. 20세기에 들어서면서 파란색은 여러분도 알다시피 청바지로 대표되는 젊음, 자유를 의미하게 됐죠.

⇩

파란색의 의미는 역사의 흐름에 따라 다양하게 변해 왔다. 파란색은 고대에는 죽음의 색으로 여겨졌다. 그러다가 중세에는 왕을 의미하는 색으로 가치가 높아지게 되었다. 그리고 20C에 들어서 젊음과 자유를 의미하는 색이 되었다.

+ 성모마리아 의미

예) 청바지

연습 다음을 듣고 교재 여백에 보충 내용을 필기해 보십시오.

1. '대화의 요소'에 대한 내용입니다. 62

심리학자 메라비언(Albert Mehrabian)에 따르면 대화에서 말하는 내용의 중요도는 7%밖에 안 된다. 대화 상대자에 대한 인상을 결정하는 것은 바로 비언어적 요소이다. 즉 '무엇을'보다 '어떻게' 말하는지가 더 중요한 것이다.

2. '시간 단위'에 대한 내용입니다. 63

18세기 말 프랑스혁명 후 10 단위로 계산하는 시간 개념이 있었다. 10일이 1주일인 새로운 달력도 만들어졌다. 그런데 10년이 지나도 사람들이 계속 혼란스러워 하자 이 시간 단위는 결국 사라지게 되었다.

3. '자기 성찰 지능'에 대한 내용입니다. 64

가드너(Howard Gardner)의 다중 지능 이론은 여러 유형의 지능이 있다고 보았다. 그중 하나인 자기 성찰 지능은 자신을 이해하는 능력을 말한다. 연구 결과에 따르면 자기 성찰 지능은 성공한 사람들에게서 높게 나타난다.

1. 다음은 역사적 사실과 해석에 대한 강의입니다. 강의를 들으면서 교재 여백에 보충 내용을 필기해 보십시오. 65

역사란 무엇인가? 독일의 역사학자 랑케(Leopold von Ranke)는 역사를 과거의 사실과 동일한 것이라고 보았다. 그는 역사가가 과거의 사실이 기록된 자료를 객관적으로 분석하면 과거의 눈으로 과거를 볼 수 있다고 믿었다.

그러나 역사적인 사실을 그대로 복원하는 것은 불가능하다. 역사는 역사가에 의해 재구성된 과거이기 때문이다. 그러므로 역사란 현재 속에 살아 있는 과거라고 할 수 있다.

따라서 역사책도 비판적으로 읽어야 한다. 『삼국사기』는 김부식이 편찬한 책으로 삼국 시대의 역사를 보여 준다. 그런데 김부식은 신라 귀족 출신이었고 『삼국사기』는 신라를 중심으로 기록되었다. 만약 『삼국사기』가 다른 역사가에 의해 집필되었다면 삼국 시대의 역사는 다르게 그려졌을 것이다.

과거는 시대와 관점에 따라 다르게 해석될 수 있다. 콜럼버스(Christopher Columbus)는 미국 이민자들에게는 신대륙을 발견한 탐험가로 기억되지만, 원래부터 아메리카 대륙에 살고 있었던 원주민들에게는 다른 인물로 해석된다.

영국의 역사가 에드워드 카(Edward Hallett Carr)는 역사를 현재와 과거 사이의 끊임없는 대화라고 했다. 우리는 역사를 통해 과거를 이해하고 현재를 더 잘 살아갈 수 있으며, 미래를 향한 안목도 갖출 수 있다. 따라서 역사란 과거에서 현재로, 그리고 미래로 이어지는 길이라고 할 수 있다.

2. 강의를 다시 듣고 물음에 답하십시오.

(1) 강의에서 언급하지 않은 내용은 무엇입니까?

① 역사를 교육해야 할 필요성
② 역사에 대한 여러 가지 정의
③ 역사를 바라보는 다양한 관점

(2) 역사학자 랑케의 주장으로 맞는 것은 무엇입니까?

① 과거를 있는 그대로 되살릴 수 있다.
② 과거를 보는 현재의 해석이 중요하다.
③ 과거에 대해 주관적으로 판단해야 한다.

(3) 들은 내용과 다른 것은 무엇입니까?

① 역사책은 역사가에 따라 내용이 달라질 수 있다.
② 김부식은 가치 판단을 배제하고 역사책을 편찬했다.
③ 『삼국사기』는 삼국 시대 1000년의 역사를 기록한 책이다.

(4) '콜럼버스의 날'에 대한 설명으로 맞는 것은 무엇입니까?

① 미국의 공휴일로 10월 12일이다.
② 얼마 전 '원주민의 날'로 바뀌었다.
③ 콜럼버스의 신대륙 발견을 기념하는 날이다.

생각 넓히기

여러분 나라에서 관점에 따라 다르게 평가받는 역사적 인물이 있습니까? 그 인물의 이름과 그 인물에 대한 여러 평가들을 메모하고 여러분의 생각을 이야기해 보십시오.

인물	
평가	• • • • •

10 말하기

역사적 사건

준비하기

1. 다음은 20세기의 역사적인 사건입니다. 다음 중 세계의 역사에 가장 많은 영향을 미친 사건은 무엇이라고 생각합니까?

라이트 형제의 동력 비행 성공

제2차 세계대전

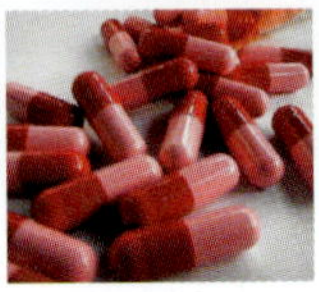
페니실린 발견

최초의 인공위성 발사

독일 통일

'월드 와이드 웹' 탄생

1903	1939	1940	1957	1990	1991

2. 다음은 세계적으로 유명한 인물들입니다. 다음의 인물들과 관련된 내용을 연결하고 어떤 업적이 있는지 이야기해 보십시오.

(1) 
세종대왕
(1397~1450)

(2) 
에디슨
(Thomas Alva Edison)
(1847~1931)

(3) 
테레사 수녀
(Mother Teresa of Calcutta)
(1910~1997)

- 인도에서 가난하고 병든 사람을 위해 봉사함
- 노벨 평화상을 수상함

- 미국의 발명가
- 전등, 축음기 등을 발명함

- 한글 창제
- 문화, 예술, 과학을 발전시킴

어휘 익히기

1. 다음은 역사적 사건과 관련된 어휘입니다. 보기에서 알맞은 것을 골라 대화를 완성해 보십시오.

보기
개발 시도 전성기 독립하다 등장하다 발견되다 보편화되다 기념비적이다

(1) A: 어제 농구 봤어? 이준우 선수가 다시 복귀했던데.
B: 어. 정말 대단했지? 30대 중반인데도 __________ 때를 보는 것 같았어.

(2) A: 진수 할아버지께서 암에 걸리셨대.
B: 아, 진짜? 걱정이 많겠다. 그래도 암은 초기에 __________ 치료가 가능하다던데…….

(3) A: 어제 국문학 시간에 배운 소설은 너무 어렵지 않았어?
B: 어. 중세 국어로 돼 있어서 외국 소설 읽는 것 같았어. 그래도 국문학에서 __________ 작품이라고 하잖아.

(4) A: 뉴스 봤어요? 석유랑 석탄이 이제 거의 안 남아 있대요.
B: 네. 정부가 석유나 석탄 같은 화석 연료 대신 사용할 에너지 __________에 좀 더 힘 써주면 좋겠어요.

(5) A: 나도 너처럼 자취하고 싶다.
B: 그런 소리 하지 마. 혼자 사는 게 얼마나 외롭고 힘든데. __________ 살면 금방 다시 부모님과 살겠다고 할걸?

(6) A: 어? 이것 봐. 여긴 공중전화기도 있어.
B: 우와, 공중전화는 한 20년 만에 보는 것 같아. 난 휴대 전화가 __________ 공중전화가 다 없어진 줄 알았어.

(7) A: 어제 뮤지컬 봤다면서? 어땠어?
B: 응, 너무 좋았어. 공연이 끝나고 다시 배우들이 무대로 __________ 때 관객 모두 기립 박수를 칠 정도였어. 너도 한번 보러 가 봐.

(8) A: 장학금 신청해 볼까 했는데, 추천서도 받아야 하고 경쟁률도 높다고 해서 안 하기로 했어.
B: 그래도 한번 지원해 보는 게 어때? __________도 안 해 보고 포기하면 나중에 후회할지도 모르잖아.

2. 다음을 읽고 알맞은 것을 골라 보십시오.

(1) 방학이 돼서 심심해하는 동생들을 (이끌고, 잇따라) 동물원에 다녀왔습니다.

(2) 교과과정이 (개조돼서, 개편돼서) 교과서도 새로운 교과과정에 따라 바뀌었습니다.

(3) 과거에는 문화나 예술이 소수의 (귀족, 서민)만 즐기는 전유물이었다고 해도 과언이 아닙니다.

(4) 경제 성장과 생활수준의 향상으로 휴양 사업이 새로운 유망 사업으로 (과시하고, 부상하고) 있습니다.

(5) 농촌 인구의 고령화 현상이 (가속화되고, 상용화되고) 있기 때문에 정부의 대책 마련이 시급한 때입니다.

(6) 김우민 작가는 최근에 쓴 소설을 통해 현대사의 여러 사건들을 (되풀이해, 재조명해) 큰 관심을 끌고 있습니다.

(7) 프랑스 시민혁명 후 프랑스는 왕이 직접 정치를 하던 왕정을 (유지하고, 폐지하고) 공화정을 실시하게 되었습니다.

(8) 지난주에 경주에서 갑자기 발생한 지진으로 다리가 (쓰러졌는데, 붕괴됐는데) 복구까지는 1년 정도가 걸릴 예정이라고 합니다.

(9) 1900년대에 들어 미국과 소련이 국제 사회에서 큰 영향력을 가지면서 대표적인 강대국으로 (차지했습니다, 자리잡았습니다).

(10) 에디슨이 전구를 발명하면서 밤에도 밝게 생활할 수 있게 되었기 때문에 전구 발명은 인류 역사에 길이 남을 훌륭한 (성적, 업적)이라고 할 수 있습니다.

사건이 언제, 어디에서, 왜, 어떻게 일어났는지 육하원칙으로 사건 자체를 기술하는 것도 중요하지만, 그 사건이 어떠한 결과를 가져왔는지, 우리 삶에 어떠한 영향을 미쳤는지에 대해서도 설명할 필요가 있다. 사건의 결과나 사건에 대한 평가를 하기 위해 다음과 같은 표현을 사용할 수 있다.

표현		예문
결과	○을/를 초래했습니다.	컴퓨터의 보급은 급격한 사회 변화를 **초래했습니다.**
	○(으)로 말미암아 -되었습니다.	공기 **오염으로 말미암아** 지구 온난화가 **가속화되었습니다.**
	-(으)ㅁ으로써 -게 되었습니다.	우주선이 **발명됨으로써** 인류의 우주 시대를 열 수 **있게 되었습니다.**
평가	○(이)라는 평가를 받고 있습니다.	찰리 채플린은 20세기 영화사에 있어서 가장 훌륭한 배우 겸 **감독이라는 평가를 받고 있습니다.**
	-았/었다는 점에서 의미를 지닙니다.	에디슨의 영사기 발명은 영화 제작을 가능하게 **했다는 점에서 의미를 지닙니다.**
	-았/었다는 점에서 ○에 큰 영향을 줬습니다.	컴퓨터의 보급은 정보 접근이 편리하게 **됐다는 점에서 일상생활에 큰 영향을 줬습니다.**

예

다음은 '동력 비행'에 대한 내용입니다. 사건의 결과와 평가를 이야기해 보십시오.

사건	라이트 형제의 동력 비행 성공
결과	인류가 비행기로 하늘을 날 수 있게 됨
평가	항공 시대를 열다

⇩

100여 년 전만 해도 하늘을 나는 기계는 상상 속에서나 가능했습니다. 그런데 1903년 라이트 형제는 인류 최초로 동력 비행에 성공했습니다. 라이트 형제가 비행을 성공함으로써 인류가 비행기로 하늘을 날 수 있게 되었습니다. 라이트 형제의 비행 성공은 항공 시대를 열었다는 점에서 의미를 지닙니다.

연습 다음을 보고 역사적 사건의 결과와 평가를 이야기해 보십시오.

1. '영국의 산업혁명'에 대한 내용입니다.

사건	영국 산업혁명
결과	생산 방식이 수공업에서 기계화로 전환
평가	자본주의 성립

2. '나일론 발명'에 대한 내용입니다.

사건	나일론 발명
결과	탄력성과 보온성을 갖춘 스타킹이 보편화됨
평가	섬유 공업에 혁명을 가져옴

3. '월드 와이드 웹'에 대한 내용입니다.

사건	월드 와이드 웹(world wide web, www)의 탄생
결과	시간, 공간의 제약 없이 정보 공유
평가	세계화 시대를 엶

1. 다음은 역사적 사건에 대한 내용입니다. 언제, 왜 일어난 사건인지 이야기해 보십시오.

- 사건: 프랑스 시민혁명(1789~1794)
- 결과: 왕정이 무너짐
- 평가: 귀족 중심의 사회에서 시민 중심 사회로 전환됨

- 사건: 페니실린 발견(1940)
- 결과: 세균 감염으로 인한 사망자 수 감소
- 평가: 20세기 의학계 최대의 성과

2. 여러분 나라의 주요한 역사적 사건에 대해 발표하려고 합니다. 역사적 사건에 대해 조사하고 메모해 보십시오.

사건	
사건의 개요	

3. 여러분 나라의 역사적 사건과 결과 및 평가를 메모해 보십시오.

<table>
<tr><td>처음</td><td></td></tr>
<tr><td rowspan="2">중간
(사건 및
평가)</td><td>• 역사적 사건
–
–
–</td></tr>
<tr><td>• 결과 및 평가
–
–
–</td></tr>
<tr><td>끝</td><td></td></tr>
</table>

4. 조사한 내용을 바탕으로 여러분 나라의 역사적인 사건에 대해 발표해 보십시오.

5. 다른 사람의 발표는 어땠습니까? 어떤 점이 좋았습니까? 그리고 새롭게 알게 된 점은 무엇입니까?

생각 넓히기

지난 10년간 어떠한 사건이 있었습니까? 최근의 역사적 사건에 대해 이야기해 보십시오.

사건	개요

부록

- 듣기 지문 및 정답
- 찾아보기

듣기 지문 및 정답

제1과 언어와 문화

듣기 관용어의 특징

어휘 익히기

1. 01

① 지나친 흡연은 건강에 나쁜 영향을 끼치게 됩니다.
② 사람들은 자신과 처지가 비슷한 사람들에게 공감을 느끼게 된다고 합니다.
③ 변화하는 소비자들의 기호를 빠르게 반영하는 제품만이 살아남을 수 있습니다.
④ 그 사람은 서로 관련성이 없는 사건들을 연결해서 생각하는 경우가 많습니다.
⑤ 현대인의 생활과 과학은 떼어서 생각할 수 없는 밀접한 관계에 놓여 있습니다.
⑥ 언어를 공부할 때 그 표현이 생겨난 유래를 알면 더 잘 이해할 수 있습니다.
⑦ 모르는 단어를 보게 되면 사전을 찾기 전에 무슨 뜻인지 유추해 보는 것이 좋습니다.
⑧ 오늘 이곳에서는 사물놀이와 재즈를 하나로 결합한 새로운 공연이 벌어질 예정입니다.

(2) ① 밀접하다 ② 유래 ③ 관련성 ④ 결합하다 ⑤ 유추하다 ⑥ 반영하다 ⑦ 영향 ⑧ 공감

2. (1) 굳어지다 (2) 신체 (3) 해당하다 (4) 관습 (5) 얻다 (6) 본래 (7) 일부분 (8) 표출되다

전략 익히기

강의 도입 내용 파악하기

연습 1. 03

지난번에 사고력과 언어력이 여러 면에서 공통성하고 관련성을 가지고 있다고 그랬었죠? 사고력과 언어력은 다른 동물한텐 없는, 인간만이 가지고 있는 정신 능력이고요. 또한 일정 시기가 지나면 하나로 결합돼서 서로 구별하기 힘들어지는 특징이 있습니다. 자, 그럼 이제 언어가 인간의 사고에 어떠한 영향을 미치는지에 대한 것을 같이 볼까요?

전 시간에 배운 내용	☐ 사고력과 언어력의 결합 시기	☑ 사고력과 언어력의 공통성과 관련성
오늘 배울 내용	☑ 언어가 인간의 사고에 미치는 영향	☐ 인간의 사고가 언어에 미치는 영향

연습 2. 04

지난 시간에 사회학은 인간 사회와 인간의 사회적 행위를 연구하는 학문이라는 걸 배웠는데요. 사회학은 인간의 사회적 행위, 사회관계에 따른 상호 작용 같은 것들을 주된 연구 대상으로 하는 학문이고요. 앞서 말씀드렸다시피 매우 과학적이고 체계적이라는 특징이 있지요. 오늘의 주제는 사회학의 역사와 발전 단계입니다. 사회학이 어떻게 발전되어 왔는지 살펴봅시다.

전 시간에 배운 내용	☐ 대표적인 사회학자	☑ 사회학의 정의와 특징
오늘 배울 내용	☐ 사회학의 과학성과 체계성	☑ 사회학의 역사와 발전 단계

연습 3. 05

여러분, 경영학의 핵심 영역이 무엇일까요? 네, 지난 시간에 5대 핵심 영역으로 마케팅, 경영 전략, 인사 조직, 생산 관리, 재무 회계가 있다고 그랬었죠? 경영은요. 이 다섯 가지 핵심 영역의 기능이 조화를 이룰 때 가능해지고요. 앞서 말씀드렸듯이 이 중 어느 한 가지라도 그 기능이 약해지면 전체적인 균형이 깨져서 회사는 무너지게 되지요. 여기서 회사가 무너진다는 건 경영의 실패를 의미하는데요. 오늘은 다양한 회사들의 경영 실패 사례들을 통해서 이 다섯 가지 핵심 영역이 얼마나 중요한지를 살펴보도록 하겠어요.

전 시간에 배운 내용	☐ 경영의 성공과 실패 사례	☑ 경영의 다섯 가지 핵심 영역
오늘 배울 내용	☐ 경영과 경영학의 정의	☑ 경영의 다섯 가지 핵심 영역의 중요성

듣기

관용어의 특징에 대한 강의 듣기

06

교수: 여러분, 안녕하세요? 한 주 동안 잘 지냈어요? 오늘은 '언어와 문화' 두 번째 시간입니다. 지난 시간에 우리는 언어와 문화의 관련성에 대해 이야기했습니다. 언어는 문화의 일부분이기 때문에 언어를 통해서 우리는 문화를 알 수 있고, 반대로 문화는 언어를 통해서 표출된다고 했었지요? 언어가 문화를 반영하는 예로 뭘 들었는지 기억하세요? 그렇지요. 한국에서는 1년 중 겨울에 해당되는 약 3개월 정도 눈을 볼 수 있는데요. 1년 내내 눈과 함께 생활하는 에스키모의 말에는 '내리는 눈', '쌓인 눈', '가루 눈',

'큰 눈' 등눈과 관련된 어휘가 한국어보다 훨씬 발달해 있다는 얘기를 했습니다. 이렇게 언어는 문화와 밀접한 관계를 갖고 있는데요. 오늘은 '관용어에 나타난 한국 문화'에 대해서 살펴보도록 하겠습니다.

여러분도 일상생활에서 '눈이 높다, 입이 짧다' 등의 표현을 자주 사용하지요? 이런 표현들이 바로 관용어입니다. 먼저 관용어의 특징을 의미 면에서 보면 관용어는 단어가 결합해서 특별한 의미로 사용되는 말입니다. 이때 단어들은 결합해서 단어 본래의 뜻이 아닌 제3의 의미를 나타내기 때문에 단순히 각 단어의 의미를 합해서는 뜻을 유추하기 어렵습니다. '발이 넓다'는 건 아는 사람이 많다는 뜻인데 그건 '발'과 '넓다'의 뜻으로는 유추하기 쉽지 않은, 제3의 의미라는 말입니다.

사용 면에서 본다면 관용어는 그 사회에서 오랜 시간 동안 한 단어처럼 굳어져서 사용되어 왔다는 특징이 있습니다. 관용어는 그 문화권의 사람들에게 공감을 얻어서 오랫동안 계속 사용된 말이기 때문에 넓은 지역에 걸쳐서 사용되고, 많은 사람이 사용한다는 특징이 있습니다. 그러니 만일 개인적으로 관용어의 일부를 다른 말로 바꾸면 사회에서 의미가 통하겠습니까? 예를 들어서 '입이 짧다'는 말 대신에 '입이 작다'고 하면 의미 전달이 불가능하게 된다는 거지요.

관용어 중에서도 특히 문화의 영향을 많이 받은 것이 있는데요. '국수를 먹다, 미역국을 먹다'와 같은 관용어를 한번 보세요. 이런 관용어들은 단어의 뜻만으로 도저히 추측이 불가능할 뿐만 아니라 다른 언어에서는 찾아볼 수도 없습니다. 그 이유는 이들 관용어가 특정한 유래를 가지고 있기 때문이에요. 한국에서는 결혼할 때 신랑 신부가 오래오래 행복하게 같이 살라는 뜻에서 긴 국수를 먹는 관습이 있지요. 그 관습에서 결혼을 한다는 뜻의 '국수를 먹다'라는 관용어가 생긴 겁니다. 그러니 이러한 한국의 결혼 문화를 모른다면 그 의미를 어찌 알 수 있겠습니까?

이렇게 관용어는 문화를 반영하고 있고, 관용어에는 문화가 잘 나타나 있습니다. 결국 언어는 문화의 일부분이기 때문에 문화를 모르면 언어를 제대로 이해하는 건 불가능하다고 할 수 있지 않을까요?

1.

• 관용어의 특징

- 의미면:

단어들이 결합해서 본래의 의미가 아닌 제3의 의미를 나타낸다.

- 사용면:

그 사회에서 오랜 시간 동안 한 단어처럼 굳어져 사용되어 왔다.

넓은 지역에 걸쳐서 사용되고 많은 사람들이 사용한다.

관용어의 일부분을 다른 말로 바꾸면 의미가 통하지 않는다.

* 문화의 영향을 많이 받은 관용어

단어의 뜻만으로 추측이 불가능하다.

다른 언어에서 찾아볼 수 없다.
특정한 유래를 가지고 있다.

2. (1)

전 시간에 배운 내용	언어와 문화의 관련성
오늘 배울 내용	관용어에 나타난 한국 문화

(2) ③ (3) ① (4) ③

말하기 언어의 특징

어휘 익히기

1. (1) 억양 (2) 생략 (3) 비유 (4) 부정 (5) 맥락 (6) 중의성 (7) 겸손 (8) 어원

2. (1) 나타내 (2) 규칙적으로 (3) 활용하면 (4) 변별되지 (5) 기호 (6) 구분해 (7) 강조하셔서
(8) 고유어 (9) 의태어 (10) 탈락했지만

전략 익히기

발표 시작하고 마무리하기

연습 1. 예시

시작할 때

안녕하세요? 저는 국어국문학과 나카무라 유키라고 합니다. 저는 한국어와 일본어의 높임법 차이에 대해 발표하고자 합니다.

마무리할 때

이상으로 한국어와 일본어의 높임법 차이에 대한 발표를 모두 마치겠습니다. 감사합니다.

연습 2. 예시

시작할 때

안녕하세요? 저는 환경학과 클로에 뒤부아입니다. 저는 미래의 교통수단에 대해서 조사한 것을 말씀드리겠습니다.

마무리할 때

제가 미래의 교통수단에 대해 준비한 내용은 여기까지입니다. 들어주셔서 감사드립니다.

연습 3. 예시

시작할 때	마무리할 때
안녕하십니까? 저는 사회체육학과에 재학중인 주민아입니다. 저는 오늘 요가의 효과에 대해서 조사한 것을 말씀드리겠습니다.	이상으로 요가에 대한 발표를 모두 마치겠습니다. 감사합니다.

제2과 인간과 교육

듣기 전인 교육

어휘 익히기

1. (1) 07

① 한국의 중·고등학교는 대학 진학률을 높이기 위해 입시 위주의 교육을 하고 있지요.

② 그 환자는 작은 자극에도 감정과 기분이 쉽게 바뀝니다. 정서적인 안정이 우선적으로 필요하다고 판단됩니다.

③ 이번 프로젝트는 혼자 힘으로 할 수 없는 일입니다. 팀원들이 함께 힘을 모아서 협동해야 할 수 있는 일입니다.

④ 그 인터넷 정보 회사는 올해부터 숙박 정보 서비스, 예약 서비스를 하나로 합쳐서 통합하여 운영하고 있습니다.

⑤ 청소년기에는 감정뿐 아니라 몸도 빠르게 변화합니다. 내 몸에서 일어나는 신체적인 변화에 대해 관심을 가져야 합니다.

⑥ 앞으로는 외우는 것을 주로 하여 가르치는 주입식 교육이 아닌 학생 스스로 생각하고 토론할 수 있도록 하는 교육이 이루어져야 합니다.

⑦ 어린이 영양제는 키가 크는 데에 도움을 줄 수 있을까요? 이에 대한 연구 결과, 아이들이 성장하는 데 어느 정도의 도움은 준다고 합니다.

⑧ 대도시들은 대부분 환경보다 산업 발전에 더욱 관심을 가져 왔으나 최근 서울시는 환경과 산업이 모두 균형 있게 발전할 수 있는 방법을 찾고 있습니다.

(2) ① 통합하다 ② 정서적이다 ③ 협동하다 ④ 성장하다 ⑤ 신체적이다 ⑥ 입시 위주 ⑦ 주입식 ⑧ 균형 있다

2. (1) 08

여러분, 이화산업을 아시죠? 한국 최고의 기업이라 할 수 있죠. 그럼에도 이 기업은 최고라는 명성에 머무르지 않고 미래를 향해 더 나아가기 위해 다른 기업보다 몇 배의 노력을 하고 있다고 합니다. 특히 인재를 육성하고 소외된 사람들에게 사랑을 실천하는 등 사회 통합이라는 원대한 꿈을 향해 나아가고 있습니다.

(2) ① 동일하다 ② 육성하다 ③ 암기하다 ④ 실천하다 ⑤ 머무르다 ⑥ 비롯되다 ⑦ 나아가다 ⑧ 포함하다

전략 익히기

간결하게 필기하기

연습 1. 10

다국적 기업이란 세계 여러 곳에 지사, 공장 등을 두고 물건을 생산하거나 판매하는 활동을 하는 국제적 규모의 회사들을 말합니다. 다국적 기업을 '세계 기업'이라고도 하는데요. GM 자동차 회사나 아디다스 스포츠용품 회사가 여기에 해당됩니다.

- 다국적 기업
  - 세계 여러 곳에 지사, 공장 등을 두고 물건을 생산하거나 판매 활동을 하는 국제적 규모의 회사
  - GM 자동차 회사나 아디다스 스포츠용품 회사

연습 2. 11

여러분, 대안 학교에 대해서 아세요? 네. 맞아요. 학생들 개개인의 자질과 능력에 맞는 자율적 학습 프로그램을 운영하는 특별 학교죠. 대안 학교는 1921년 영국의 서머힐 학교(Summerhill School)에서 시작됐는데요. 서머힐 학교의 설립자 알렉산더 닐(Alexander Sutherland Neill)은 "어린이를 학교에 맞추는 것이 아니라 어린이들에게 학교를 맞춰야 한다."고 했대요. 여러분, 학생에게 학교를 맞추는 학교는 행복한 학교임에 틀림없겠죠.

- 대안 학교: 학생들 개개인의 자질과 능력에 맞는 자율적 학습 프로그램을 운영하는 특별 학교
  - 1921년 영국 서머힐 학교(Summerhill School)에서 시작
  - 설립자 알렉산더 닐(Alexander Sutherland Neill): 어린이를 학교에 맞추는 것이 아니라 어린이에게 학교를 맞춰야 함

연습 3. 12

신입생 여러분, 안녕하세요? 저는 사회과학대학 학장 신영식입니다. 여러분의 대학 생활에 도움을 주고자 오늘 신입생 오리엔테이션 자리를 마련했습니다.

여러분, 성공적인 대학 생활을 위해 지금부터 무엇을 해야 할까요? 그렇죠. 무엇보다도 대학 생활에서는 전공에 대한 학문적 탐구를 위해 노력해야 합니다. 이는 여러분의 미래를 위한 토대를 마련할 겁니다.

다음으로는 다양한 대인 관계를 경험해 봐야 합니다. 모든 대학 생활의 기본은 원만한 인간관계입니다. 대학에서는 동아리 활동, 봉사 활동, 아르바이트 등을 통해 고등학교 때와는 비교할 수 없을 만큼 다양한 사람들을 만나게 됩니다. 대학에서 경험하게 되는 이러한 다양한 인간관계는 졸업 후의 사회생활을 위해서도 반드시 필요합니다.

- 성공적인 대학 생활을 위해 할 일
  - 전공에 대한 학문적 탐구를 위해 노력해야 함
    미래를 위한 토대 마련
  - 다양한 대인 관계를 경험해야 함
    졸업 후의 사회생활을 위해 필요

듣기

전인 교육에 대한 강의 듣기

13

교수: 여러분, 오늘은 21세기 학교 교육이 전인 교육을 향해 가고 있는지, 전인 교육을 위해 학교 교육이 어떤 방향으로 나아가야 하는지를 살펴보려고 하는데요. 이를 위해 우선 전인 교육이란 무엇인지에서부터 출발해야 할 것 같습니다.

여러분은 전인 교육이 뭐라고 생각하세요? 네, 인성 교육, 또, 지식 교육, 그리고, 네, 신체적 활동도 있죠. 그래요. 지금 여러분이 말한 모든 것이 전인 교육에 포함되는데요. 전인 교육은 한마디로 지적, 정서적, 신체적, 사회적으로 조화롭고 균형 잡힌 인간을 육성하는 교육을 말합니다.

18세기 페스탈로치(Johann Heinrich Pestalozzi)는 '머리(Head), 마음(Heart), 손(Hand)'의 각 영역을 조화롭게 발전시켜야 한다고 했는데, 여기에서 근대 전인 교육이 비롯되었습니다. 페스탈로치가 말한 머리란 지성이고, 마음은 감성, 손은 기능을 말합니다. 그런데 20세기로 들어서서는 전인 교육의 목표가 단순히 개인의 교육에만 머무르지 않고, 사회 구성원으로서 조화 있게 되는 것까지를 포함하게 됩니다. 그러니까 지적, 정서적, 신체적, 사회적인 면을 골고루 발전시킬 수 있도록 교육을 해야 한다는 것이지요. 전인 교육이 어떤 교육이고 어떻게 시작되었는지 잘 아셨죠?

그러면 현재 한국의 교육은 전인 교육을 얼마나 실천하고 있는가에 대해서 생각해 봐야겠습니다. 한국은 대학 입시를 위해 주로 주입식 교육이 이루어지므로 전인 교육에서 중요하게 생각하는 정서적인 교육, 창의력을 길러 주기 어려운 상황입니다. 현재의 입시 위주 교육에서는 모든 학교가 차이 없이 동일한 방식으로 교육을 할 수밖에 없기 때문이죠. 그럼에도 최근 여러 학교가 전인 교육을 실천하기 위해 다각적으로 노력하고 있습니다.

그렇다면 전인 교육을 실현하기 위해 학교는 어떤 교육을 해야 할까요? 네, 그렇죠. 학교는 주입식으로 암기하는 공부보다는 지식을 통합하고 활용할 수 있는 능력을 갖출 수 있도록 교육해야 합니다. 그리고 문제가 생겼을 때 능동적, 창의적으로 문제를 해결하고 다른 사회 구성원을 설득하여 협동 작업으로 이끌 수 있는 능력을 기를 수 있게끔 해 줘야 합니다.

그럼 여기에서 좀 생각해 볼까요? 여러분은 학교 교육에서 전인 교육이 이루어지기 위해서 해결해야 할 시급한 문제가 무엇이라고 생각합니까? 네, 입시 위주의 학교 교육이라고 하신 거죠? 맞아요. 그래서 진정한 전인 교육이 이루어지기 위해서는 대학 입시 제도를 바꿔야 합니다.

네, 지금까지 전인 교육이 무엇인지, 학교 교육에서 전인 교육이 실시되고 있는지에 대해 살펴봤는데요. 다음 시간에는 21세기의 교육이 전인 교육을 추구하려면 학교에서, 사회에서, 가정에서 어떻게 변화해야 할지에 대해서 구체적으로 이야기해 보겠습니다.

1.

- 전인 교육이란?
  - 지적, 정서적, 신체적, 사회적으로 조화롭고 균형 잡힌 인간을 육성하는 교육
- 18세기 페스탈로치
  - 머리, 마음, 손, 각 영역을 조화 있게 발전시켜야 함
  - 근대 전인 교육이 비롯됨
  - 머리는 지성, 마음은 감성, 손은 기능
- 20세기 전인 교육의 목표
  - 지적, 정서적, 신체적, 사회적인 면을 골고루 발전시킴

- 한국 학교 교육의 상황
  - 현재 학교 교육은 입시를 위해 주로 주입식 교육이 이루어짐
  - 정서적 교육, 창의력을 길러 주는 교육이 어려운 상황
- 전인 교육을 실현하기 위한 교육 방안
  - 지식을 통합·활용할 수 있는 능력, 능동적·창의적 문제 해결 능력 등을 기를 수 있는 교육 필요
  - 이를 위해 입시 위주의 학교 교육, 대학 입시 제도를 바꿔야 함

2. (1) ① (2) ① (3) ③ (4) ①

말하기 기여 입학제

어휘 익히기

1. (1) 격차 (2) 제도 (3) 자금 (4) 평등 (5) 혜택 (6) 계층 (7) 위화감 (8) 재정

2. (1) 도입하고자 (2) 인하되면서 (3) 어긋나는 (4) 저해하게 (5) 허용하지 (6) 실현됐습니다 (7) 집중 (8) 경쟁력 (9) 지급하겠다고 (10) 일류

전략 익히기

자신의 입장 표명하기

연습 1. 예시

찬성

저는 동물의 권리를 보호하기 위해 동물원을 없애야 한다는 주장에 대해 찬성하는 바입니다. 인간에게만 권리가 있는 것이 아닙니다. 동물도 인간과 마찬가지로 자유롭게 살아갈 수 있는 권리가 있습니다. 그럼에도 불구하고 동물을 가둬 놓고 구경거리로 만드는 것은 동물의 생명을 무시하는 이기적인 행위이기 때문입니다.

반대

저는 동물의 권리를 보호하기 위해 동물원을 없애야 한다는 주장에 반대하는 입장입니다. 현재 환경 변화로 수많은 동물들이 점점 사라져 가고 있는데요. 동물원에서 이런 동물들을 돌본다면 멸종 위기에 놓인 동물들을 보호할 수 있기 때문입니다.

연습 2. 예시

찬성

저는 타인을 위해서 선의의 거짓말도 필요하다는 주장에 찬성하는 바입니다. 아무리 사실이라고 해도 상대방에 대한 부정적인 감정이나 생각을 그대로 전한다면 관계가 깨질 수도 있고 그 사람에게 실망감을 줄 수도 있습니다. 그렇지만 선의의 거짓말을 통해 오히려 그 사람과 좋은 관계를 유지할 수 있고 용기와 희망을 줄 수도 있기 때문입니다.

반대

저는 타인을 위해서 선의의 거짓말도 필요하다는 주장에 대해 강력하게 반대합니다. 아무리 좋은 의도로 했다고 해도 상대방이 원하지 않는 것일 수 있습니다. 또 진실이라는 건 언젠가 밝혀진다고 생각하는데요. 오히려 선의의 거짓말 때문에 관계가 깨지거나 상대방에게 부정적인 결과를 가져올 수 있기 때문입니다.

연습 3. 예시

찬성

저는 연예인의 사생활은 보호되어야 한다는 주장에 대해 강력하게 찬성합니다. 가수나 배우는 이 세상에 존재하는 수많은 직업 중 하나일 뿐입니다. 모든 직장인들에게 출퇴근 시간이 있고 퇴근 후에는 사생활이 보장되지 않습니까? 직장인들에게 직장 생활과 사생활이 별개인 것처럼 연예인의 노래나 연기 등의 연예 활동과 사생활은 별개의 것이기 때문입니다.

반대

저는 연예인의 사생활은 보호되어야 한다는 주장에 반대입니다. 연예인은 대중의 사랑을 먹고 산다는 말이 있습니다. 아무도 그 사람의 노래를 듣지 않고 아무도 그 사람의 연기를 보지 않는다면 그 사람은 결코 연예인이라고 할 수 없습니다. 연예인은 대중의 사랑과 관심이 없이는 존재할 수 없기 때문입니다.

제3과 문화와 예술

듣기 한국의 문화유산

어휘 익히기

1. (1) 14

① 한국의 수도, 서울은 전통과 현대가 함께 공존하는 도시입니다.

② 우리는 자연환경을 잘 지켜서 다음 세대에 물려주어야 할 의무가 있습니다.

③ 어떤 예술 작품은 그 시대보다는 후대에 가서 높은 평가를 받기도 합니다.

④ 경주는 천 년 전 유물과 유적지가 그대로 잘 보존되어 있는 역사 문화 도시입니다.

⑤ 이 절은 전쟁 때 불에 타서 없어졌다가 최근에 원래의 모습으로 복원되어 일반인들에게 공개되었습니다.

⑥ 문화유산은 넓은 의미에서 보면 눈에 보이는 유형의 것과 눈에 보이지 않는 무형의 것으로 나눌 수 있습니다.

⑦ 역사적, 문화적 가치가 있는 문화재를 어떻게 잘 지켜 나갈 수 있을지에 대한 박물관 특강이 다음 주에 열린다고 합니다.

⑧ 이번 박람회에 가면 베트남의 아오자이(Ao dai), 스위스의 드린딜(Dirndl), 인도의 사리(Sari) 등 세계 각국의 전통 의상을 한자리에서 볼 수 있습니다.

(2) ① 물려주다 ② 공존하다 ③ 무형 ④ 복원되다 ⑤ 보존되다 ⑥ 후대 ⑦ 문화재 ⑧ 전통 의상

2. (1) 경쾌하다 (2) 우아하다 (3) 일정하다 (4) 연상되다 (5) 느슨하다 (6) 표현하다 (7) 불룩하다 (8) 소박하다

전략 익히기

시각 자료로 배경지식 활성화하기

연습 1. 16

자, 여기 그림들을 봐 주세요. 첫 번째 그림은 17세기 네덜란드의 화가 얀 스테인의 〈뚱보들의 식탁〉이고, 두 번째 그림은 피터 브뤼겔의 그 유명한 〈농부들의 춤〉이에요. 마지막 그림은 가장 한국적인 화가라고 불리는 김홍도의 작품 〈벼타작〉이네요. 그런데 여러분, 이 그림에 있는 사람들은 누구인 것 같습니까? 귀족입니까? 평민입니까? 또한 그림은 무엇에 대해 그린 것입니까? 세 그림의 공통된 주제를 찾을 수 있겠어요? 그

리고 우리는 이 그림들을 통해 무엇을 알 수 있을까요?

연습 2. 17

여러분들은 영화를 좋아하세요? 어떤 영화를 좋아하세요? 자, 다음의 영화 포스터를 봐 주세요. 어떤 영화예요? 네, 맞아요. 우리는 이런 영화들을 공상과학영화라고 하죠. 그렇다면 이 영화들은 어떤 내용을 담고 있을까요? 네. 여러분이 알고 있는 대로 이런 영화들은 실제 우리가 살고 있는 세상이 아닌 가상의 세계에 대한 이야기를 소재로 하고 있어요. 영화를 보신 분들은 영화의 소재와 내용에 대해 이야기해 보세요.

연습 3. 18

자, 여러분, 여기 사진들을 봐 주세요. 첫 번째 사진은 여러분도 잘 알고 있는 몽골의 전통 가옥 '게르'예요. 두 번째 사진은 미얀마 북동부에 자리한 인레 호수 수상 가옥의 모습이에요. 마지막 사진은 모로코 페스 지역의 황토로 만든 황토집이네요. 여러분, 몽골의 게르, 미얀마의 수상 가옥, 사하라 사막이 있는 모로코 황토집은 각각 어떤 특징이 있어요? 그리고 왜 이런 재료와 모양으로 집을 지었을까요? 각 지역의 전통 가옥에 대해 아는 것을 이야기해 보세요.

듣기

문화유산의 아름다움에 대한 강의 듣기

19

교수: 여러분, 이 사진들을 좀 봐 주세요. 첫 번째 사진은 한국의 전통 집, 초가집입니다. 여러분도 한국 역사 드라마나 민속촌에서 본 적이 있죠? 초가집의 지붕 모양을 좀 자세히 봐 주세요. 자, 이제 두 번째 사진을 보세요. 네. 한국 어디에서나 흔히 볼 수 있는 산이에요. 그런데 여러분, 초가집의 지붕 모양이 어때요? 그렇죠. 직선보다 곡선에 가깝죠. 그럼 한국 산의 모양은 어떻습니까? 산도 부드러운 곡선의 모습을 하고 있죠. 여러분, 사진으로 본 초가집 지붕 모양과 산의 모양이 어때요? 여러분의 생각을 이야기해 보세요.

20

교수: 자, 여러분, 오늘은 한국 문화유산의 아름다움에 대해 알아보려고 해요. 우선 한국의 문화유산에는 어떤 것들이 있는지 아세요? 네, 경복궁, 석굴암, 불국사 등이 있죠. 그럼 경복궁, 석굴암, 불국사를 직접 본 적이 있어요? 그때 어떤 느낌을 받았어요? (학생들의 답변을 기다리며) 아, 네. 아름답다, 자연적

이다, 화려하지 않다, 네. 정말 다양한 답변이 나오는군요.

그렇다면 여러분, 한국의 문화유산이 지닌 아름다움은 무엇일까요? 네. 여러 측면에서 이야기할 수 있지만 한마디로 '자연의 아름다움'이라고 할 수 있는데요. 오늘은 그중에서도 한국 문화유산이 지닌 아름다운 '곡선미'에 대해 설명하려고 해요.

여러분, 앞서 본 사진을 통해 초가집의 지붕과 산의 모양이 닮았다는 것을 알 수 있었나요? 네. 그렇죠. 초가집 지붕이 부드러운 곡선을 지닌 산의 모습과 닮은 것을 확인할 수 있었을 거예요. 물론 직선도 있지만 그것도 가다가 잠깐 멈춰서는 여유 있는 직선이지 길게 죽 뻗은 직선은 아니죠. 이렇게 한국의 전통 집뿐 아니라 전통 옷, 도자기에서도 부드러운 곡선의 아름다움을 찾아볼 수 있는데요. 다양한 문화유산을 통해 한국의 곡선미를 좀 더 찾아보겠어요. 그럼 〈자료 1〉의 사진을 한번 볼까요? 전통 사회에서 아기가 태어나면 출산을 상징하는 이런 금줄을 걸었는데요, 대문에 느슨하게 매어 놓은 금줄 또한 부드러운 곡선입니다. 그 유명한 신라의 에밀레종은 또 어떻습니까? 〈자료 2〉에서 볼 수 있듯이 한국의 전통 종은 윗부분이 약간 벌어진 듯한 느낌이 들다가 아래로 내려오면 이렇게 모아지는 부드러운 선이 그 특징이랍니다.

이런 곡선미는 조선 시대의 백자 달 항아리에서도 볼 수 있습니다. 〈자료 3〉을 봐 주세요. 이처럼 한국의 전통회화, 조각, 공예, 건축은 물론이고 옛 사람들의 여러 가지 생활용품이나 액세서리에서도 부드럽고 아름다운 곡선을 쉽게 찾아볼 수 있습니다. 어떤 미술사학자는 이 곡선을 두고 음악적 느낌과 경쾌하고 즐거운 느낌을 준다고 말하고, 어떤 문화학자들은 자연을 닮아서 소박하면서도 멋스러운 선으로 표현되었다고 평가합니다.

이번에는 여러분도 잘 알고 있는 전통 의상, 한복이 아름답게 느껴지는 이유에 대해서 생각해 봅시다. 여러 가지 이유가 있겠지만 그중 하나는 곡선과 직선이 어우러져 있는 부드러운 선의 흐름 때문입니다. 여기 이 〈자료 4〉를 봅시다. 정말 우아하지 않습니까? 〈자료 5〉에 있는 저고리의 배래선과 도련도 곡선과 직선이 조화를 이루고 있죠. 자, 그다음 〈자료 6〉 버선의 코를 좀 봐 주세요. 저는 이 부분을 볼 때마다 그 끝이 하늘로 살짝 올라간 것이 〈자료 7〉과 같은 한옥의 추녀가 연상되는데요. 여러분은 어떻습니까? 자, 여기 〈자료 8〉에 있는 한복 치마는 가운데가 불룩한 것이 한국의 도자기 모양을 닮았습니다. 한복 치마는 일정한 형태가 없고 옷을 입은 사람이 움직일 때마다 아름다운 곡선을 만드는 특징이 있습니다.

자, 그럼 한복이 지닌 아름다운 곡선미를 다음 동영상 자료를 통해 다시 한번 확인해 볼까요?

2.

- 한국 문화유산의 아름다움
  - 자연의 아름다움
- 한국 문화유산이 지닌 아름다운 곡선미

〈자료 1〉 금줄

〈자료 2〉 에밀레종

〈자료 3〉 백자 달 항아리

  - 금줄, 에밀레종, 백자 달 항아리: 부드러운 곡선
  - 생활용품, 액세서리에서도 부드럽고 아름다운 곡선을 쉽게 찾아볼 수 있음
- 한국 문화유산의 곡선미에 대한 평가
  - 음악적 느낌, 경쾌하고 즐거운 느낌
  - 자연을 닮아서 소박하고 멋스러운 선으로 표현되었음
- 한복의 아름다움

〈자료 4〉 한복

〈자료 5〉 저고리의 배래와 도련

  - 이유: 직선과 곡선이 어우러져 있는 부드러운 선의 흐름 때문

〈자료 6〉 버선

〈자료 7〉 한옥 추녀

〈자료 8〉 치마

  - 한복 치마는 움직일 때마다 아름다운 곡선을 만드는 특징이 있음

3. (1) ② (2) ③ (3) ③ (4) ③

말하기 무용

어휘 익히기

1. (1) 몸통 (2) 자세 (3) 동작 (4) 도약 (5) 박자 (6) 안무 (7) 발끝 (8) 기교

2. (1) 회전합니다 (2) 격렬한 (3) 어우러져야 (4) 유연하게 (5) 연출하는 (6) 즉흥적인 (7) 창작해야 (8) 흥겨운 (9) 감상할 (10) 활기찬

전략 익히기

시청각 자료 제시하며 설명하기

연습 1. 예시

방금 들으셨다시피 최근 유행하는 한국 노래들은 단순한 리듬과 가사가 여러 번 나온다는 특징이 있습니다. 그리고 이 사진에서 보시다시피 최근 한국에서 인기를 끄는 가수들은 일본, 태국, 중국 등 국적이 다양하다는 특징이 있습니다.

연습 2. 예시

이 사진에서 알 수 있듯이 소나무는 사계절 내내 잎이 푸른 상록수입니다. 그리고 여기 이 PPT 슬라이드를 봐 주시기 바랍니다. 소나무의 잎은 향이 좋으며, 송편을 찔 때 사용합니다.

연습 3. 예시

이 동영상을 보시면 줄다리기가 무엇인지를 알 수 있습니다. 이렇게 줄다리기는 두 팀이 서로 줄을 잡고 당기다가 자기 팀 쪽으로 줄을 더 당기면 이기는 놀이입니다. 그리고 이 사진에서 보시다시피 줄다리기는 체육대회나 지역 축제에서 주로 하는데 누구나 즐길 수 있습니다.

제4과 심리와 성격

듣기 행동과 심리

어휘 익히기

1. (1) 21

① 잘못된 행동에 대한 지나친 처벌은 교육적으로 효과적이지 않습니다.
② 인간의 행동은 자신의 주변 상황이나 조건 등 환경에 영향을 받습니다.
③ 타인의 행동을 평가할 때는 그렇게 하게 된 동기를 먼저 살펴봐야 합니다.
④ 교사는 학생이 열심히 공부한 것에 대한 보상으로 상을 주거나 칭찬을 합니다.
⑤ 그 과학자는 식물의 변화를 자세히 살펴보면서 관찰 결과를 기록하고 있습니다.
⑥ 그 학생은 열심히 공부하는 친구에게 자극을 받아서 밤을 새우며 공부했습니다.
⑦ 배운 내용에 대한 학습의 효과를 높이기 위해서는 수업 후에 복습을 하는 것이 좋습니다.
⑧ 스위스의 심리학자 피아제(Jean Piaget)의 인지 발달 이론은 아동의 인지 발달 단계를 설명하고 있습니다.

(2) ① 학습 ② 동기 ③ 처벌 ④ 보상 ⑤ 자극 ⑥ 환경 ⑦ 관찰 ⑧ 이론

2. (1) 22

여러분은 남자는 어때야 한다거나 여자는 어때야 한다는 생각을 해 봤나요? 사실 남자와 여자는 생물학적으로 구별되는 것일 뿐인데요. 사회적 분위기와 문화, 부모의 양육 방식 같은 걸로 남자와 여자에 대한 고정관념을 형성하게 된 거죠. 예를 들어 자녀가 의존적인 행동을 할 때마다 부모가 반복해서 긍정적인 반응을 보이면 의존성을 강화하게 되고, 상대적으로 독립성은 약화돼요.

(2) ① 활용되다 ② 확립하다 ③ 강화하다 ④ 발전되다 ⑤ 약화되다 ⑥ 구별되다 ⑦ 제한하다 ⑧ 반복하다

전략 익히기

내용에 맞게 계층적으로 필기하기

연습 1. 24

성취동기는 일반적으로 어떤 일을 해내고 완성하려는 동기를 말해요. 성취동기는 학자에 따라 다르게 정의되기도 하는데요. 한마디로 성공에 대한 희망이 실패에 대한 두려움보다 더 큰 것이라고 할 수 있죠. 예를

들어서 똑같은 과제가 있는데 A라는 사람은 실패할까 봐 포기했고 B라는 사람은 실패할 수도 있지만 성취감을 느끼고 싶어서 도전했다고 해 봅시다. 누가 더 성취동기가 높은 사람일까요? 그렇죠. B가 A보다 성취동기가 큰 사람이겠죠.

I. 성취동기의 정의
- 어떤 일을 해내고 완성하려는 동기
- 성공에 대한 희망이 실패에 대한 두려움보다 큰 것

연습 2. 25

이번에는 이성 교제의 역할에 대해 살펴볼 건데요. 먼저 이성 교제의 긍정적 역할에는 뭐가 있을까요? 네, 첫 번째는 사고의 폭이 넓어진다는 거예요. 이성 교제는 남녀 간의 믿음과 사랑을 전제로 하기 때문에 다른 사람을 이해할 수 있는 포용력이 생기게 되죠. 또 하나는 자아를 발견할 수 있다는 거예요. 이성 교제를 통해서 진짜 자기의 모습을 보게 되고 자신이 어떤 사람인지 알게 되죠. 마지막으로 동성 친구들과 어울릴 때보다 훨씬 더 다양한 경험을 할 수 있다는 것도 이성 교제의 좋은 측면이에요.

1. 이성 교제의 긍정적 역할
   1.1. 사고의 폭이 넓어짐
   1.2. 자아를 발견할 수 있음
   1.3. 다양한 경험을 할 수 있음

연습 3. 26

자, 오늘은 플라시보(placebo) 효과에 대해 한번 알아볼까요? 플라시보 효과는 다른 말로 위약 효과, 그러니까 가짜 약 효과라고도 하는데, '좋아지게 하다'라는 뜻의 라틴어에서 유래됐어요. 예를 들어서 여러분, 배가 아플 때 엄마가 "엄마 손은 약손." 하면서 배를 만져 주면 신기하게 점점 복통이 사라진 경험, 해 본 적 있어요? 정말로 엄마 손은 약손일까요? 아니죠. 좋아질 거라는 믿음과 기대 때문에 진짜 약을 먹었을 때처럼 긍정적인 결과가 나타나는 거죠. 이게 바로 플라시보 효과예요.

그런데 반대의 경우도 있어요. '나빠질 거다. 효과가 없을 거다.'라고 믿으면 진짜 약을 먹어도 약효가 떨어지는 부정적인 결과가 나타나는 거죠. 이런 걸 노시보(nocebo) 효과라고 해요. 노시보 효과에 대해 좀 더 자세히 살펴볼까요?

I. 플라시보(placebo) 효과

A. '좋아지게 하다'라는 뜻의 라틴어에서 유래됨

B. 좋아질 거라는 믿음과 기대 때문에 긍정적인 결과가 나타남

a. 예) 엄마 손은 약손

II. 노시보(nocebo) 효과

A. 나빠질 거라는 믿음 때문에 부정적인 결과가 나타남

듣기

행동주의 심리학에 대한 강의 듣기

27

교수: 자, 여러분, 지난 시간에 공부한 심리학의 정의, 기억나죠? 네, 심리학이란 인간의 행동과 정신 과정을 연구하는 학문이죠. 심리학은 보통 구조주의, 기능주의, 형태주의와 같은 학파로 나눌 수 있는데, 오늘 배울 행동주의 심리학은 연구 대상을 눈에 보이는 행동에 제한한다는 점에서 다른 심리학 이론들과 구별됩니다.

그럼 먼저 초기 행동주의 심리학부터 알아봅시다. 초기 행동주의 심리학은 1910년대에 미국의 심리학자 왓슨(John Broadus Watson)에 의해 시작됐습니다. 왓슨은 그동안 심리학이 정신세계에만 관심을 가졌던 것에 반대했어요. 그리고 관찰 가능한 행동만을 연구 대상으로 해야 한다고 주장했죠. 왓슨이 이렇게 주장한 이유는 파블로프(Ivan Petrovich Pavlov)의 실험 때문인데, 먼저 이 사진을 볼까요?

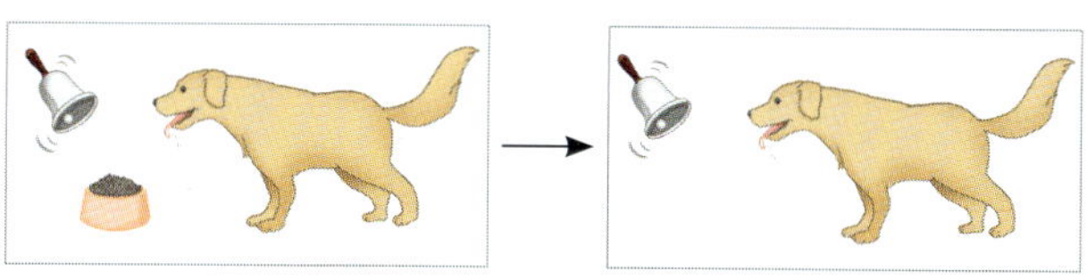

개에게 먹이를 줄 때마다 종을 치다 보면, 개는 먹이가 없어도 종이 울리기만 하면 침을 흘리겠죠? 이렇게 개가 침을 흘리는 것은 종을 치고 먹이를 주는 과정이 조건이 되어서 나타나는 반응이라는 거예요. 여기까지 이해되죠?

왓슨은 인간 행동도 이렇게 계속된 자극과 그에 대한 반응으로 이루어진다고 생각했어요. 그리고 왓슨이 말한 행동주의 심리학은 행동이 자극과 반응에 의해서 어떻게 조건화되는가에 관심을 가지기 때문에 '자극과 반응의 심리학'이라고도 해요. 어때요? 행동주의 심리학이 어떤 건지 감이 잡히나요?

자, 그럼 이어서 신행동주의를 한번 살펴봅시다. 왓슨 이후에 행동주의 심리학은 스키너(Burrhus Frederic Skinner) 등의 학자에 의해 신행동주의로 발전돼요. 아까 초기 행동주의는 인간 행동을 자극과 그에 대한 반응으로 봤던 거 기억나죠? 그런데 신행동주의는 자극과 반응 사이에 인간의 인지, 습관, 동기 등을 포함시켜서 이해하려고 했다는 점에서 차이가 있어요.

특히 스키너는 강화라는 개념으로 인간의 행동을 설명하고자 했어요. 예를 들어 부모들은 아이들이

착한 일을 했을 때 선물을 주거나 칭찬을 하죠? 그러면 아이는 그런 행동을 더 많이 하죠? 이게 바로 보상에 의해 행동이 강화된 거예요. 신행동주의는 이렇게 보상이나 처벌을 반복하면 원하는 행동을 더 많이 하게 할 수 있다, 다시 말해 강화할 수 있다고 봤어요. 자, 여기까지 혹시 질문 있나요?

네, 지금까지 초기 행동주의, 그리고 신행동주의 심리학을 모두 살펴봤고요. 이제 마지막으로 행동주의 심리학에 대한 평가를 정리해 볼까요? 행동주의 심리학은 인간의 행동에만 관심을 가졌다는 비판을 받고 1960년대 이후 세력이 약화됐어요. 그렇지만 학습 이론에 많이 적용됐고 그중에서도 보상과 강화는 학습 이론을 설명하는 중요한 개념이 됐습니다. 그리고 행동주의 심리학에서는 주로 실험을 통해 검증을 했는데 과학적인 연구 방식을 확립하는 데 기여했다는 점에서 큰 평가를 받고 있어요.

1.

<복습> 심리학

1. 정의: 인간의 행동, 정신 과정을 연구하는 학문
2. 학파: 구조주의, 기능주의, 형태주의, 행동주의 등

Ⅰ. 초기 행동주의 심리학

1. 대표 학자: 왓슨(John Broadus Watson)
2. 연구 대상: 관찰 가능한 행동
3. 인간 행동: 자극 + 반응

Ⅱ. 신행동주의 심리학

1. 대표 학자: 스키너(Burrhus Frederic Skinner)
2. 인간 행동: 자극 + 인지, 습관, 동기 등 + 반응
3. 주요 개념: 강화
   (1) 보상이나 처벌을 반복하면 원하는 행동을 더 많이 하게 함
   (2) 예: 착한 일을 했을 때 선물을 주거나 칭찬을 하면 그런 행동을 더 많이 함

Ⅲ. 행동주의 심리학에 대한 평가

1. 행동에만 관심을 가짐
2. 학습 이론에 적용됨
3. 과학적인 연구 방식을 확립하는 데 기여함

2. (1) ③ (2) ③ (3) ① (4) ②

말하기 성격 형성

어휘 익히기

1. (1) 충동적 (2) 잠재적 (3) 이기적 (4) 낙천적 (5) 본능적 (6) 후천적 (7) 유전적 (8) 의식적

2. (1) 원만하게 (2) 부응하기 (3) 자제해야 (4) 거치며 (5) 형성할 (6) 덜렁대는 (7) 치우치지 (8) 까다로운 (9) 미친다고 (10) 변덕스러웠습니다

전략 익히기

주장의 근거 제시하기

연습 1. 예시

저는 건강을 지키기 위해 아침을 거르면 안 된다고 생각합니다. 한국대 이진호 교수팀의 연구 결과에 따르면 아침을 먹은 사람이 먹지 않은 사람보다 면역력과 소화 기능이 좋았다고 합니다. 또한 제 경험에 비추어 보면 일주일 간 아침을 먹지 않았을 때 속이 쓰리고 배탈이 났습니다.

연습 2. 예시

제 생각에는 아이의 스마트폰 사용 시간을 제한하는 것이 좋습니다. 어제 EBC 뉴스 보도에 따르면 스마트폰 사용으로 시력이 나빠진 아이들이 크게 늘고 있다고 합니다. 그리고 건강 병원 신경정신과 김민희 교수의 인터뷰에 의하면 스마트폰 사용이 잦으면 좌뇌만 사용하게 되어 우뇌의 기능이 약화된다고 합니다.

연습 3. 예시

환경 보호를 위해 일회용 비닐 봉투 사용을 줄여야 합니다. 환경 단체 '그린피스'에 따르면 비닐이 썩는 데 100년 이상이 걸린다고 합니다. 또, 환경부가 발표한 바에 의하면 다 쓴 비닐 봉투 소각으로 인해 이산화탄소가 다량 배출된다고 합니다.

제5과 운동과 식생활

듣기 운동의 동작

어휘 익히기

1. (1) 28

① 양궁은 활을 쏘아서 과녁에 정확히 맞추는 사람이 이기는 게임입니다.
② 다리를 다쳐 계단을 올라갈 때 무릎을 굽히는 것이 무척 힘들었습니다.
③ 테니스 경기에서 최초의 공격은 상대를 향해 강력한 서브를 넣는 것입니다.
④ 야구에서 투수는 마운드에서 상대방 선수에게 공을 던지는 사람을 말합니다.
⑤ 골프를 칠 때 팔을 구부리지 말고 팔을 뻗어 힘차게 공을 쳐야 멀리 나갑니다.
⑥ 물구나무서기는 손으로 바닥을 짚고 발로 땅을 차서 거꾸로 서는 동작을 말합니다.
⑦ 이 그림은 바닥에 떨어진 물건을 줍기 위해 앞으로 몸을 숙이는 사람의 동작을 그린 것입니다.
⑧ 어제 축구 경기에서 우리 팀 골키퍼가 몸을 날려 공을 막아 보려 했지만 아쉽게 골인이 되었습니다.

(2) ① 팔을 뻗다 ② 무릎을 굽히다 ③ 공을 막다 ④ 바닥을 짚다 ⑤ 몸을 숙이다 ⑥ 활을 쏘다
⑦ 공을 던지다 ⑧ 서브를 넣다

2. (1) ① (2) ① (3) ② (4) ② (5) ② (6) ② (7) ② (8) ①

전략 익히기

화제 전환에 따른 강의 내용 파악하기

연습 1. 30

지금까지 우리는 강원도 설악산에 있는 나무들에 대해 알아봤어요. 지금부터는 한국에서 가장 남쪽에 있는 한라산에서 자생하는 나무에 대해서 알아보도록 하겠습니다. 여러분, 한라산에 올라가 본 적이 있어요? 가 본 사람?

화제 1	설악산에 있는 나무
화제 2	한라산에서 자생하는 나무

연습 2. 31

다시 정리해서 말하면 중학교 축구 수업에서는 학생들이 이동하는 선수에게 공을 정확하게 패스할 수 있게 한다는 목표와 함께 공격에 대비해 몇 가지 방어 기술을 익힌다는 걸 수업 목표로 가지고 지도해야 합니다. 이제 다음으로 넘어가서 고등학교의 축구 수업에 대해 공부해 보도록 하겠습니다. 고등학교에서는 한 단계 수준을 높여 다양한 방어 기술을 교수하는 것을 목표로 해야 합니다. 여러 명이 공격해 올 때나 앞이나 뒤에서 공격해 올 때처럼 다양한 상대 선수들의 움직임을 가정해서 이를 방어하면서 정확하게 패스하는 게 지도돼야 합니다.

화제 1	중학교 축구 수업
화제 2	고등학교 축구 수업

연습 3. 32

여러분, 이 안경을 좀 보세요. 이 안경은 좀 특수한 기능을 가진 건데요. 바로 이걸 쓴 사람의 눈동자 움직임을 보여 주는 안경이에요. 다시 말하면 이걸 쓴 사람이 어디를, 얼마나 오래 보는지 알려 주는 시선 추적 안경이죠. 자, 이 안경에 대한 설명은 여기까지 하고 실제로 백화점 손님들을 대상으로 실험한 영상을 볼까요? 시선 추적 안경을 쓴 남녀 20명이 동일한 백화점 1층 출입구로 들어가서 어느 가게를 먼저 보고, 얼마나 오랫동안 봤는지 실험한 자료예요. 실험 영상을 볼까요?

화제 1	시선 추적 안경의 기능
화제 2	시선 추적 안경으로 실험한 영상

듣기

운동 기능에 따른 지도 방법에 대한 강의 듣기

33

교수: 여러분, 안녕하세요? 오늘 비가 와서 더웠던 날씨도 한풀 꺾이고 시원해졌죠? 오늘은 운동 기능 중 개방 기능과 폐쇄 기능에 대해 공부해 볼 거예요. 이 기능은 운동하는 환경이 얼마나 고정돼 있느냐에 따라 나눈 건데요. 예를 들어 정리된 사무실을 걷는 것과 붐비고 복잡한 거리를 걷는 건, 걷는다는 건 같지만 분명 걷는 환경이 다르죠. 사무실에서 걷는 환경은 고정돼 있고, 복잡한 거리를 걷는 환경은 걸을 때마다 수시로 변하잖아요. 이처럼 고정되지 않은 개방된 환경에서 운동하는 걸 개방 기능이라고 해요. 농구 드리블, 축구 패스 같은 게 여기에 속하죠. 드리블이 뭔지 아시죠? 이 동영상을 보

세요. 이게 드리블 장면이에요. 농구에서 자기 팀에게 공을 전달하기 위해 하는 동작인데 이걸 할 때마다 환경이 변하죠. 수비수가 한 명일 때도 있고 두 명, 세 명이 될 수도 있고, 골대 왼쪽이었다가 다음번엔 오른쪽이 되기도 하고요. 그러니까 동작할 때 환경이 고정되어 있지 않아요. 바꿔 말하면 어떤 환경에서 이 동작을 하게 될지 예측하기 어렵다는 얘기죠.

반면에 농구의 자유투는 어때요? 자유투는 공이 들어가는 링과의 거리, 던져야 하는 시간 제한 같은 환경적 조건이 거의 고정돼 있죠. 아무데서나 마구 공을 던지는 게 아니잖아요. 코트 특정 부분에 서서 공을 던져야 하고, 던지는 사람 옆에 자기 팀과 상대 팀 선수들이 서 있죠. 이처럼 환경적 조건이 상황에 따라 변하지 않고 비교적 고정돼 있는 걸 폐쇄 기능이라고 해요. 다시 말하면 환경이 고정돼 있는 상태에서 수행되는 기능을 말하는 거예요. 여기에 해당되는 운동엔 볼링, 양궁이 있고 배구와 테니스에서 하는 서브도 여기에 속해요. 지금까지 환경의 고정성에 따라 운동 기능을 개방 기능과 폐쇄 기능으로 나눠 살펴봤는데요. 혹시 질문 있으신 분?

없으면 개방 기능과 폐쇄 기능에 대해서는 여기까지 하고 이제 다음으로 가 볼까요? 이걸 가르치는 체육 선생님은 각 기능에 따라 어떻게 가르치면 될까요? 운동 기능이 달라지면 가르치는 방법도 달라져야겠죠? 그럼 개방 기능인 동작과 폐쇄 기능인 동작은 각각 뭐에 중점을 둬 가르쳐야 할까요? 결론부터 말하면 폐쇄 기능은 말로 설명하고 이를 눈앞에서 시범을 보여 주는 시각 단서를 줘야 해요. 예를 들어 '손 짚고 물구나무 서듯이 옆으로 빙글 도는 옆 구르기 동작'요, 이걸 가르칠 때 동작 순서에 따라 '손, 손, 발, 발'과 같은 학습 단서를 말로 설명하고 이걸 눈앞에서 그대로 다시 보여 주거나 영상을 보여 주면서 가르치면 됩니다.

그럼 개방 기능 동작으로 넘어가 볼까요? 개방 기능 지도 방법에 대해 공부하겠습니다. 먼저 폐쇄 기능처럼 복잡한 상황을 단순화시켜서 지도하고, 그다음에 변화되는 환경에 적응하도록 지도해야 됩니다. 이 과정에서 지각 단서가 중요하죠. 지각 단서는 주어진 상황에 적합한 반응을 느껴서 선택하게끔 하는 단서를 말하는데요. 그게 중요하다는 거죠. 그러니까 얼마나 많은 복잡한 상황을 경험했느냐가 개방 기능 동작을 숙지하는 데 중요한 포인트입니다. 가령 축구 패스를 생각해 보세요. 먼저 서 있는 동료에게 패스할 때는 한 발을 내밀며 패스한다는 걸 알려 주고 이걸 고정된 환경에서 연습시키는 거죠. 어느 정도 연습이 됐다 싶으면 그걸 바탕으로 변화되는 환경, 그러니까 방어하는 상대 선수를 피해 이동하면서 패스하는 방법을 훈련하는 게 필요하다는 겁니다. 이때 이동하는 선수 앞으로 패스해야 공을 뺏기지 않고 패스할 수 있다는 것을 알게 해 주는 단서, 그러니까 이걸 느끼는 지각 단서를 알려 줘야 한다는 거죠. 그리고 다양한 변화 상황에서 연습을 해서 많은 경험을 할 수 있게 해야 돼요. 만약 폐쇄 기능 연습만 하면 실제로 경기할 때 어떻게 변화하는 환경에 적응해야 하는지 어려워 할 수 있는 것도 잘 못하게 되죠. 그러니까 개방 기능과 폐쇄 기능에 적합한 지도 방법으로 가르치는 것을 잊어서는 안 됩니다.

* 이 듣기자료는 「체육교수학습론」(손천택 저, 교육과학사, 2015, 50–55쪽)을 요약 및 수정한 것임.

1.

1. 운동 기능

(1) 사무실을 걷는 것, 복잡한 거리를 걷는 것

- 걷는 것은 같지만 걷는 환경이 다름
- 사무실을 걷는 것: 환경이 고정되어 있음
- 복잡한 거리를 걷는 것: 환경이 수시로 변함

(2) 개방 기능

- 정의: 고정되어 있지 않은 개방된 환경에서 운동하는 것

예) 농구의 드리블(dribble), 축구의 패스(pass)

(3) 폐쇄 기능

- 정의: 환경적 조건이 상황에 따라 변하지 않고 비교적 고정되어 있는 상태에서 운동하는 것

예) 농구의 자유투, 볼링, 양궁, 배구와 테니스의 서브(serve)

2. 지도 방법

(1) 폐쇄 기능

- 말로 설명 → 시범을 보임

예) 물구나무 서듯이 옆으로 도는 옆 구르기 동작

(2) 개방 기능

- 단순화시켜 지도 → 변화하는 환경에 적응하도록 지도

예) 축구의 패스(pass)

2. (1) ① (2) ① (3) ③ (4) ②

말하기 바람직한 식생활

어휘 익히기

1. (1) 탄수화물 (2) 주식 (3) 폭식 (4) 양념 (5) 끼니 (6) 지방 (7) 식단 (8) 단백질

2. (1) 섭취하는 (2) 첨가되어 (3) 먹음직스러운 (4) 곁핍되면 (5) 조절해야 (6) 흡수돼서 (7) 돋우는 (8) 함유되어 (9) 습관화되면 (10) 곁들여

전략 익히기

강조해서 말하기

연습 1. 예시

과일, 채소, 생선, 올리브유 등을 위주로 하는 것이 바로 지중해식 식단의 특징입니다. 지중해식 식단은 다른 식단과는 비교할 수 없을 정도로 영양소를 골고루 갖추고 있기 때문에 건강을 위한 최고의 식단이라고 할 수 있습니다. 그리고 지중해식 식단은 혈압을 낮추며 당뇨병과 비만을 예방하는 효과도 뛰어납니다.

연습 2. 예시

레오나르도 다빈치(Leonardo da Vinci)를 '모나리자'와 '최후의 만찬'을 그린 화가로만 알고 있는 사람들이 많습니다. 그런데 레오나르도 다빈치야말로 예술, 과학, 건축 등을 아우르는 천재였습니다. 비행기가 발명되기 몇 백 년 전이었는데도 그의 스케치북에 이미 비행기에 대한 아이디어가 있었던 것을 보면 놀랍기 그지없습니다.

연습 3. 예시

현대 과학기술의 발전 속도는 과거와는 비교할 수 없을 정도로 빠릅니다. 이것은 어떤 신기술이 등장하고 사회에 영향을 미치게 될지 예측하기 점점 어려워진다는 뜻입니다. 따라서 이제는 단순히 지식을 주입하여 이해시키는 것이 아니라 문제 해결 능력과 창의력을 기르는 것이 바로 교육의 목표가 되어야 합니다.

제6과 신문과 광고

듣기 신문의 위상과 역할

어휘 익히기

1. (1) 34

① 그 소설가의 글을 읽은 독자의 수가 십만 명이 넘는다고 합니다.
② 최근 정기적으로 잡지를 사서 읽는 구독률이 점점 낮아지고 있습니다.
③ 공무원들은 개인의 이익이 아닌 나라 전체의 공익을 추구해야 합니다.
④ 유명 배우가 죽었다는 그 소식은 잘못 알려진 오보였음이 밝혀졌습니다.
⑤ 말이나 글로 생각이나 사실을 알리는 언론은 그 자유가 보장되어야 합니다.

⑥ 사회가 발전하기 위해서는 학력이 곧 능력이라는 편견에서 벗어나야 합니다.

⑦ 그의 얼굴과 작품이 실리고 그가 외국에서 크게 성공했다는 보도를 보고 깜짝 놀랐습니다.

⑧ 경찰은 목격자를 만나서 그 일이 언제 어디에서 일어났는지 사건에 대해 자세히 물었습니다.

(2) ① 공익 ② 오보 ③ 편견 ④ 사건 ⑤ 독자 ⑥ 구독률 ⑦ 보도 ⑧ 언론

2. (1) ① (2) ① (3) ② (4) ① (5) ① (6) ② (7) ② (8) ②

전략 익히기

요약 부호 사용해서 필기하기

연습 1. 36

그럼 이어서 신문 활용 교육, 이른바 NIE(Newspaper in Education)의 효과를 살펴볼 텐데요. 자, 이 그래프에서 알 수 있듯이 신문 활용 교육 수업을 받은 학생들의 읽기, 쓰기 점수가 수업을 받기 전보다 평균 8점이나 올랐어요. 그리고 신문 활용 교육 수업을 받은 학생들의 경우 수업 전에 비해 의사소통 능력도 많이 향상된 것도 확인할 수 있었죠.

- 신문 활용 교육(NIE, Newspaper in Education)의 효과
  - 읽기, 쓰기 점수 8점 ↑
  - 의사소통 능력 ↑

연습 2. 37

자, 오늘은 어떻게 악기 소리의 높낮이가 달라지는지에 대해 한번 살펴볼까요? 일반적으로 악기 크기가 클수록 소리가 진동하는 횟수가 적어서 더 낮은 소리가 나는데요. 예를 들어서 바이올린, 첼로 중에서 더 낮은 소리가 나는 악기는 뭘까요? 네, 첼로입니다. 왜 그럴까요? 그렇죠. 첼로가 바이올린보다 악기가 더 크다 보니까 같은 음이라고 해도 진동수가 1/2 정도밖에 안 되거든요.

- 악기 소리의 높낮이
  - 악기 크기가 클수록 낮은 소리가 남
    - 예) 첼로가 바이올린보다 낮은 소리가 남
    - ∵ 악기 크기: 첼로 > 바이올린

연습 3. 38

저작권이란 작품을 창작한 사람의 권리를 말하는데요. 저작권 침해는 뭐하고 비슷할까요? 네. 창작한 사람의 허락 없이 작품을 사용하는 거니까 남의 물건을 훔치는 것과 비슷하다고 할 수 있어요. 그럼 저작권 침해의 예에는 뭐가 있을까요? 강의를 녹음해서 판매하는 게 바로 저작권 침해의 대표적인 예에 해당되는데요. 여러분, 혹시 몰래 다른 사람의 강의를 녹음해서 친구에게 돈을 받고 판다면 어떻게 될까요? 저작권 침해가 되기 때문에 처벌을 받게 됩니다.

- 저작권
  - 작품을 창작한 사람의 권리
- 저작권 침해
  - 허락 없이 작품을 사용함 ≒ 남의 물건을 훔치는 것
  - 예) 강의를 녹음해서 판매함

듣기

신문의 위상과 역할에 대한 강의 듣기

39

교수: 여러분, 안녕하세요? 수업 시작할까요? 자, 오늘은 신문의 위상과 역할에 대해 한번 이야기를 해 봅시다. 여러분도 알다시피 신문은 공익성과 사회성을 갖춘 대중 매체로서 사회에서 일어나는 사건과 사고, 다양한 정보들을 전달하는 역할을 해 왔죠.

그런데 다들 '신문의 위기'라는 말을 들어 봤을 겁니다. 신문을 구독하는 사람도 줄었고, 신문의 위상이 예전 같지 않다고들 하죠. 그럼 왜 이렇게 신문의 위상이 떨어지게 됐을까요? 음, 무엇보다 신문의 신뢰성 저하가 가장 큰 원인이라고 할 수 있어요. 아까 확인한 것처럼 우리 중에도 신문의 보도를 신뢰한다는 사람은 거의 없었죠? 자, 이건 지난해 미국신문협회에서 신문의 신뢰성에 대해 조사한 내용인데, 신문의 신뢰성이 왜 저하되고 있는지 조사해 본 결과, 연구자들은 오보나 편견에 의한 보도가 많다는 점이 가장 심각한 문제라고 지적했어요.

여러분, 한번 생각해 보세요. 신문의 역할이 뭐죠? 네, 맞아요. 신문의 가장 중요한 역할은 소식을 알리는 것, 좀 더 풀어서 이야기하자면, 여기저기에서 발생한 사건에 대한 사실을 사람들에게 전달하는 겁니다. 게다가 신문은 대표적인 문자 매체이기 때문에 정확성과 분석력이 다른 매체들에 비해서 더 높을 수 있죠. 그런데 지금의 신문은 정확하지 않은, 사실과 다른, 한쪽으로 치우친 보도를 하고 있다는 거예요. 특히 언론사 간의 경쟁이 심해지고 인터넷 신문, 무료 신문 등이 등장하면서 오보가 많아지고 있어요. 홍보성 기사나 단순히 사람들의 흥미를 끌기 위한 자극적인 것도 많고요. 그러니 사람들

이 신문을 신뢰할 수 있겠어요?

한 가지 더, 신문의 위상이 낮아진 또 다른 원인은 신문 독자들의 요구 변화에서 찾을 수 있어요. 과학 기술이 발달하고 새로운 영상 매체들이 폭발적으로 증가하면서 젊은 세대들은 점점 영상과 이미지에 익숙해지게 됐어요. 문자 매체인 신문은 자연스럽게 사람들의 관심에서 멀어지게 됐고요. 다시 말해 독자들이 선호하는 매체가 문자 매체에서 영상 매체로 변하게 된 거예요. 사실 사람들이 감각적이고 직관적인 영상 매체를 선호하는 것은 당연한 현상이에요. 여러분도 글자들 하나하나, 긴 글을 읽는 것보다 짧은 영상 한 편 보는 것이 더 쉽고 편하잖아요.

여기까지 정리를 해 보면, 신문의 위상이 과거에 비해 떨어졌는데, 그 원인은 첫째, 신문에 대한 신뢰성 하락, 둘째, 독자의 요구 변화라는 거예요. 여기까지 이해됐죠? 자, 그럼 어떻게 하면 신문의 위상이 높아지고 신문이 제 역할과 기능을 다할 수 있을까요? 그렇죠. '위기는 곧 기회'라는 말처럼 위기에 직면하게 된 원인에서 그 해결책도 찾을 수 있겠죠?

먼저 신문에 대한 독자들의 신뢰를 회복하는 것이 가장 시급합니다. 신문의 고유한 특성을 지켜서, 다시 말해 정확하면서도 분석적인 기사로 사실을 잘 전달해야겠죠. 그리고 단지 사실만 나열하거나 흥미 위주로 포장한 가벼운 기사가 아니라, 독자들이 사회와 삶에 대해 판단하는 데 도움이 되는 깊이 있는 기사가 실려야 돼요. 다음으로 영상 매체를 선호하는 독자들의 요구 변화를 수용하는 것도 중요합니다. 사진이나 영상을 적극적으로 활용하는 것이 그 예라고 할 수 있어요. 기존의 신문이 문자를 중심으로 사건을 보도했다면, 이제는 사진뿐만 아니라 영상으로도 소식을 전달하려는 시도가 늘고 있어요. 빠르게 변하는 독자들의 요구를 파악하고 그에 발맞추려는 노력이 계속해서 이어져야 할 겁니다. 그러면 이어서 신문은 앞으로 어떻게 변화해 갈지 좀 더 살펴볼까요?

1.

- 신문의 역할
  - 공익성과 사회성을 갖춘 대중 매체
  - 사회적 사건, 사고, 정보들을 전달함
- 신문의 위상이 떨어진 원인
  - 신문의 신뢰성 ↓
    - ∵ 오보나 편견에 의한 보도가 많음
  - 독자의 요구 변화
    - · 영상 매체 ↑, 문자 매체에 대한 관심 ↓
    - · 독자의 요구: 문자 매체 → 영상 매체
- 신문의 위상을 높이는 방법
  - 신문의 신뢰성 회복

· 정확하면서 분석적이고 깊이 있는 기사를 써야 함
- 독자의 요구 변화 수용
· 예) 사진이나 영상의 적극적 활용

2. (1) ② (2) ③ (3) ① (4) ③

말하기 광고

어휘 익히기

1. (1) 뛰어나서 (2) 유발하는 (3) 겨냥한/겨냥해서 (4) 판매하는 (5) 기발하고 (6) 차별화된 (7) 상징합니다 (8) 부각해서

2. (1) 독창성 (2) 구매욕 (3) 부여했습니다 (4) 인지도 (5) 비평 (6) 장면 (7) 과소비 (8) 광고주 (9) 제고 (10) 독특한

전략 익히기

관점 정해서 비평하기

연습 1. 예시

학생의 입장에서 볼 때 기존보다 출제 과목 수가 줄어서 입시에 대한 부담을 덜어 주었다는 점에서 의의가 있습니다. 또 교육의 관점에서 보면 암기력이 아닌 사고력을 측정하는 시험이라서 주입식 교육에서 벗어나 사고력 교육으로 발전할 수 있다는 점에서 높이 평가할 수 있습니다.

연습 2. 예시

영화 내용이라는 차원에서 봤을 때 첫사랑의 추억을 섬세하면서도 유쾌하게 그려 내서 무겁고 슬플 수 있는 첫사랑의 추억을 아름답게 재현했다고 생각합니다. 영화 음악의 관점에서 보면 1990년대에 유행한 음악을 배경음악으로 사용해서 1990년대 대학을 다닌 사람들에게 큰 공감을 불러일으켰다는 점에서 높이 평가할 수 있습니다.

연습 3. 예시

특수 효과 사용의 측면에서 첨단 애니메이션 기법을 사용해서 생동감 넘치는 장면을 연출했다고 할 수 있습니다. 그리고 소비자의 감성 자극의 차원에서 봤을 때 북극곰 가족의 가족애를 보여 줘서 소비자의 마음에 재미와 감동을 준다고 생각합니다.

제7과 경제와 기업

듣기 환율과 경제생활

어휘 익히기

1. (1) 40

① 동전, 지폐, 수표 같은 걸 화폐라고 합니다.
② 해외여행을 가기 전에 은행에 들러 환전을 하려고 합니다.
③ 요즘 금리가 낮아서 적금을 들어도 이자를 많이 받을 수 없습니다.
④ 돈을 모으기 위해서는 꼭 필요한 것만 사서 지출부터 줄여야 합니다.
⑤ 가족과 친한 사람들만 초대해 작은 결혼식을 해서 결혼 비용을 줄였습니다.
⑥ 정부는 주택 문제를 해결하기 위해 공공 주택의 공급을 확대하기로 했습니다.
⑦ 날씨가 더워지면서 에어컨과 선풍기 같은 냉방 용품에 대한 수요가 늘고 있습니다.
⑧ 요즘은 은행에 직접 가지 않고 휴대 전화나 컴퓨터로 손쉽게 송금을 할 수 있습니다.

(2) ① 지출 ② 송금 ③ 금리 ④ 환전 ⑤ 비용 ⑥ 화폐 ⑦ 공급 ⑧ 수요

2. (1) ② (2) ① (3) ① (4) ② (5) ② (6) ② (7) ① (8) ①

전략 익히기

수량과 관련된 세부 내용 파악하기

연습 1. 42

2007년부터 한국에서도 남성이 육아 휴직을 할 수 있는 제도가 생겼습니다. 그럼 이 제도를 활용하는 사람들은 얼마나 될까요? 통계청 자료에 따르면 지난해 육아 휴직 신청자는 총 64,069명이라고 합니다. 그중

남성의 수는 1,790명에 불과했습니다. 전체 육아 휴직 신청자 중 남성의 비율은 3%가 안 되는 거죠. 그럼 왜 이렇게 육아 휴직을 신청하는 남성의 수가 적을까요?

1. ① (○), ② (×)

연습 2. 43

한 건강식품 회사에서 소비자층을 조사한 결과를 한번 볼까요? 그 회사의 조사 결과에 따르면 10년 전에는 40, 50대가 전체 소비자의 60%를 차지했지만 최근에는 20, 30대가 80% 가까이 차지한다고 합니다. 특히 전체 소비자의 3분의 2가 20, 30대 여성이라고 합니다.

2. ① (○), ② (×)

연습 3. 44

공기에도 무게가 있다는 말인데요. 그럼 이 교실에서 공기하고 이 책상 중 뭐가 더 무거울까요? 교실 넓이가 80m²이고, 높이가 2.5m라면, 교실은 200m³가 되지요. 일상생활에서 공기의 무게는 보통 1m³당 약 1.2kg 정도 된다고 했지요? 그럼 공기의 무게는 240kg정도가 되는 거네요? 이 책상은 10kg 정도 될 것 같은데, 그럼 교실의 공기 무게가 책상의 24배나 되는 셈입니다.

3. ① (×), ② (○)

듣기

환율과 경제생활에 대한 강의 듣기

45

교수: 혹시 오늘 원 달러 환율이 어떻게 되는지 아는 사람 있어요? 네, 그럼 작년 이맘때는 얼마였는지 기억하는 사람 있나요? 오늘 원 달러 환율은 1,500원 정도인데, 작년에는 1,100원 정도였지요. 작년에 비해서 환율이 크게 올랐는데요. 올 1월 들어 환율이 1,200원으로 오르기 시작하더니 특히 최근 3개월째 원 달러 환율이 치솟고 있어서 이에 대한 뉴스도 많이 나오고 있지요?

이렇게 원 달러 환율이 오르는 원인은 무엇일까요? 수요와 공급의 기본 원리처럼 환율의 기준이 되는 것은 외화의 가격입니다. 우리가 전 시간에 수요와 공급의 기본 원리를 알아볼 때 사과를 예로 들었던 거 기억나요? 그걸 다시 생각해 봅시다. 사과가 남을 때는 판매자들이 가격을 낮춰서라도 사과를 팔려고 할 거예요. 그러니까 사과 값이 내려가겠죠? 반대로 사과가 부족할 땐 어떻다고 했죠? 네. 맞아요. 판매자들이 가격을 올릴 거라고 했지요? 환율도 이런 방식으로 정해지게 됩니다. 사과가 아니라 망고로 생각해 볼까요? 한국에서는 망고가 나지 않아 수입을 해야 하는데요. 망고를 찾는 사람들이 많아지면 외화에 대한 수요가 많아져 그 결과 환율이 상승하게 됩니다. 즉, 외화의 수요가 많아지면 환율이 상승하고, 외화의 공급이 많아지면 환율이 떨어집니다. 이처럼 환율도 기본적으로는 외화의 수요와 공급에 의해 결정됩니다. 그럼 최근에 환율이 크게 오른 것은 뭐 때문일까요? 최근 금리가 낮아진 데다가 사람들의 소득이 증가하면서 외국 상품의 수입이 크게 늘었기 때문입니다. 이 밖에 환율에 영향을 주는 요소로 물가, 금리, 경제 정책 등이 있습니다.

그럼 환율이 오르면 수출에는 어떤 영향을 미칠까요? 맞습니다. 결론부터 말하자면 환율이 오르면 수출은 증가하게 됩니다. 자, 수출업자의 입장을 한번 생각해 봅시다. 만일 환율이 1달러당 1,200원에서 1,500원으로 25% 오른다면 수출업자는 물건을 팔아서 이전과 같이 한 개당 1달러를 받더라도 이를 원화로 바꾸면 1,200원에서 1,500원으로 늘어나겠지요? 네. 그래서 환율이 오르면 수출업자들의 이익이 커집니다.

하지만 환율 상승으로 손해를 보게 되는 사람들도 있는데요. 그렇죠. 수입업자와 수입 상품을 주로 쓰던 소비자들입니다. 수입업자들은 환율이 오르면 어떻게 될까요? 아까와 반대로 수입업자의 입장을 생각해 볼까요? 가령 환율이 달러당 1,200원일 때 1달러짜리 망고를 수입했다고 합시다. 만일 환율이 올라 달러당 1,500원이 된다면 망고 값은 적어도 1,500원 이상으로 올려야 합니다. 그렇게 되면 망고가 더 비싸지니까 판매량도 줄겠지요. 망고를 자주 사 먹던 사람도 가격이 오르니까 좋지 않겠지요. 만약 평소에 망고를 두 개 샀다면 한 개로 줄이거나 망고 대신 사과를 살 수도 있을 겁니다.

이렇게 환율은 우리 생활에도 많은 영향을 주는데요. 특히 한국은 제품의 원재료를 많이 수입하는 국가지요? 그래서 환율이 오르면 원재료 값이 올라 시장에 가서 물건을 살 때 물가가 올랐다고 느끼게 됩니다. 또, 해외여행을 하거나 해외에 거주하는 가족에게 돈을 보내려는 사람들은 어떨까요? 그렇지요. 외국 돈으로 환전하거나 송금할 때 전보다 많은 돈이 필요하게 됩니다. 이제 반대로 환율이 떨어졌을 때의 상황을 생각해 볼까요?

1.

- 환율 변동 원인
  - 외화의 가격
    예) 사과 많을 때: 가격 ↓, 사과 적을 때: 가격 ↑
    → 망고 수요 ↑→ 가격 ↑: 외화 수요 ↑→ 환율 ↑
    외화 공급 ↑ → 환율 ↓
  - 그 밖의 원인: 물가, 금리, 경제 정책 등

- 환율 상승의 영향
  - 수출 ↑
    - 예) 수출품을 1달러에 팔았을 때: 1,200원 → 1,500원
      - ∴ 수출업자의 이익 ↑
  - 수입 ↓
    - 예) 수입품을 1달러에 샀을 때: 1,200원 → 1,500원
      - 많고 값 ↑, 사는 사람 ↓
      - ∴ 수입품의 가격 ↑, 판매 ↓
- 환율이 우리 생활에 미치는 영향
  - 환율 ↑ → 원재료 값 ↑ → 제품 가격 ↑
  - 환전이나 송금 시 더 많은 원화가 필요함

2. (1) ② (2) ③ (3) ② (4) ①

말하기 기업의 사회적 책임

어휘 익히기

1. (1) 매출 (2) 환원하라는 (3) 선도할 (4) 경영 (5) 의무 (6) 후원하면 (7) 공헌하는 (8) 복지

2. (1) 지고 (2) 준수하고 (3) 부담한다고 (4) 수행하기에 (5) 독점한 (6) 소통하는 (7) 연계하는 (8) 창출하고 (9) 홍보하기 (10) 갖춘

전략 익히기

확인 질문하기

연습 1. 예시

미인 대회가 여성에 대한 차별적 생각을 갖게 한다고 하셨는데요. 미인 대회가 어떤 차별적 생각을 갖게 하는지에 대해 자세히 알고 싶은데 좀 더 설명해 주시겠습니까?

연습 2. 예시

학생의 두발 제한은 필요하다는 의견 중에 두발 제한이 청소년 간 위화감을 줄일 수 있다는 이해할 수 없는 부분이 있는데 예를 들어 설명을 해 주시겠습니까?

연습 3. 예시

자율 주행 자동차가 사람이 운전하는 자동차보다 사람과 물자를 더 많이 수송할 것이라는 말씀은 이해할 수 있습니다. 그런데 컴퓨터가 운행하는 자율주행 자동차가 교통 체증을 어떻게 해결할 수 있다는 말씀이신지요?

제8과 인간의 발달

듣기 정서 발달

어휘 익히기

1. (1) 46

① 소설 속의 인물들은 대개 몇 가지 유형으로 구분할 수 있습니다.
② 아이의 올바른 성장을 위해 부모의 역할이 무엇보다 중요합니다.
③ 이 책에는 양육자로서 부모가 알아야 할 내용이 잘 정리되어 있습니다.
④ 일부 기업에서는 신입 사원을 선발할 때 인성 검사를 실시하고 있습니다.
⑤ 그는 자신이 운영하는 서점에 애착을 가지고 발전을 위해 힘쓰고 있습니다.
⑥ 그 사람을 생각하면 잊고 싶으면서도 잊고 싶지 않은 양가감정을 느끼곤 합니다.
⑦ 개인주의가 심해짐에 따라 사람과 사람 사이의 유대가 약해져 가고 있습니다.
⑧ 저희 할아버지는 자신에게는 엄격하면서도 타인에게는 관대한 분이셨습니다.

(2) ① 타인 ② 양육자 ③ 유대 ④ 역할 ⑤ 애착 ⑥ 인성 ⑦ 유형 ⑧ 양가감정

2. (1) 47

> 내 안에 어떤 수치심이나 열등감 같은 부정적인 느낌이 느껴질 때 왜 그런 마음이 드는지 그 이유를 곰곰이 생각해 보기보다는 피하는 사람이 많습니다. 그렇지만 이렇게 반응하면 문제를 결코 해결할 수 없습니다. 오히려 시간이 지날수록 '부정적 감정을 해결하고 싶다'는 마음과 '이 감정을 생각하기 싫다'는 모순되는 생각에 더욱 혼란을 느낄 수 있습니다. 그러니 어떤 부정적 감정을 느끼게 되었을 때 회피가 아니라 직면하는 용기를 가져 보면 어떨까요?

(2) ① 달래기(가) ② 반응했습니다 ③ 회피 ④ 혼란 ⑤ 모순되기 ⑥ 저항했지만 ⑦ 재결합 ⑧ 분리

전략 익히기

표로 도식화하여 필기하기

연습 1. 49

> 연극의 연기와 영화의 연기가 비슷할까요? 연극과 영화는 매체가 다른 만큼 당연히 연기도 다를 수밖에 없겠죠. 연극은 무대에서 가까운 객석에 앉아도 자세히 보지 않으면 배우의 표정이나 몸짓이 잘 보이지 않기 때문에 과장된 연기가 필요하지요. 반면에 영화는 어떨까요? 영화배우들은 카메라 조작에 의해 관객과의 사이가 아주 밀착될 수 있기 때문에 과장이 없는 절제된 연기를 하는 게 중요합니다.

	연극	영화
연기의 특징	과장된 연기	절제된 연기

연습 2. 50

> 외국어 교육에서 듣기가 왜 중요할까요? 네, 그건 듣기가 일상생활에서 가장 큰 비중을 차지하기 때문이지요. 자, 이 그래프를 보시겠어요? 여기 보면 듣기가 45%, 말하기가 30%, 그리고 읽기가 15%, 쓰기 10%로 듣기가 가장 비중이 크지요. 또 듣기가 중요한 다른 이유로 뭐가 있을까요? 그건 바로 알아듣지 못하면 말할 수 없기 때문입니다. 제가 "이름이 뭐예요?"라고 했는데 상대방이 "지금 2시예요."라고 답한다면 어떨까요? 의사소통에 실패했다고 할 수 있겠죠? 잘 들어야만 잘 말할 수 있는 법입니다.

듣기의 중요성
일상생활에서 가장 큰 비중을 차지함
알아듣지 못하면 말할 수 없음

연습 3. 51

미국의 문화인류학자 에드워드 홀(Edward Hall)은 상대와 어느 정도 거리에 있을 때 심리적 압박을 덜 느끼는가에 따라서 인간관계의 거리를 친밀한 거리, 개인적 거리, 사회적 거리, 공적 거리, 이렇게 네 가지 유형으로 분류했는데요. 먼저 친밀한 거리는 45.7cm 미만의 거리로, 이를테면 어머니와 아기 또는 애인 사이에 가능합니다. 그리고 개인적 거리는 45.7cm ~ 1.2m 정도 되는 거리입니다. 적당히 친해서 격식을 갖추지 않아도 되는 사이에 해당되는데요. 친구 사이가 대표적인 예라고 할 수 있습니다. 그럼 사회적 거리는 어떨까요? 1.2m ~ 3.7m 정도가 사회적 거리인데요. 예의를 갖추며 대화할 수 있는, 그런 사이입니다. 가게에서 만나는 손님과 점원 사이가 여기에 속하지요. 마지막으로 공적 거리를 살펴보면 3.7m를 초과해서 강의나 연설을 할 때 화자와 청중 사이 정도로 볼 수 있습니다.

인간관계	상대와의 거리	대표적인 예
친밀한 거리	45.7cm 미만	어머니와 아기, 애인 사이
개인적 거리	45.7cm ~ 1.2m	친구 사이
사회적 거리	1.2m~3.7m	손님과 점원 사이
공적 거리	3.7m 초과	강의나 연설에서 화자와 청중 사이

듣기

정서 발달에 대한 강의 듣기

52

교수: 지난 시간에는 영아기의 정서 발달 '애착 형성'에 대해서 얘기했었죠? 애착은 영아와 주 양육자 사이에 친밀하고 강한 정서적인 유대 관계를 말하는데 아기들을 보면 어머니한테 조금이라도 더 달라붙으려고 하잖아요. 이렇게 양육자에게 가까이 하려는 모든 행동을 애착 행동이라고 한다고 했지요. 그럼 이번 시간에는 애착의 유형으로 어떤 것들이 있는지 살펴볼까요?

애착에 관해서는 굉장히 유명한 실험이 있습니다. 에인스워스(Mary Ainsworth)가 고안한 낯선 상황 절차(Strange Situation Procedure)라는 실험인데요. 이 실험은 어머니가 방에서 나가는 분리, 다시 들어오는 재결합, 낯선 사람의 출현 등 8개의 상황으로 이루어져 있고 상황 하나당 3분씩 소요돼서 총 25분 정도가 걸립니다. 에인스워스는 낯선 상황에서 영아가 보이는 행동 특성을 바탕으로 부모와 아이 사이에 애착이 어떻게 형성됐는지, 그 유형을 분류했습니다. 분류해 보니까, 먼저 안정형 애착이 있고요. 불안정 애착은 세 가지 회피형 애착, 저항형 애착, 혼란형 애착으로 나눠서 총 네 가지 유형이 완성됩니다.

그럼, 애착의 유형에 따라 어떤 행동 특성이 나타났는지 한번 살펴볼까요? 먼저 안정형 애착의 아이들은 부모를 믿어요. 어머니가 곧 돌아올 거라고 믿기 때문에 어머니하고 분리됐을 때 울더라도 금방 그치고요. 또 어머니가 돌아왔을 때 어머니에게 안기고 쉽게 달래지는 행동 특성을 보이죠. '나는 엄마를 믿어', '우리 엄마는 곧 올 거야'라고 생각하기 때문에 어머니가 없어도 편안하게 시간을 보내고 어머니가 돌아왔을 때 반기게 되는 거죠. 그럼 불안정 애착 중에 회피형은 어떨까요? 어머니와 떨어지는 상황이 돼도 울지 않고 다시 만났을 때도 어머니를 피하고 못 본 척합니다. 이 유형의 아이들은 어머니가 나갈 때 잠깐 돌아보는 경우도 있고 나가든지 말든지 신경도 안 쓰고 계속 제 할 일을 합니다. 그리고 어머니가 다시 들어와도 들어오든 말든 신경을 안 쓰고 자기 할 일을 하는 거예요. 실험에서 회피형의 아이들이 보이는 행동을 살펴보면 이 아이들은 무언가 놀다가 잘 안 되면 어머니가 있는데도 낯선 사람한테 가서 물어보기도 하고 무릎에 앉기도 합니다. 낯선 이에게 하는 행동이나 주 양육자에게 하는 행동이나 비슷한 거죠. 이게 바로 애착 대상을 피하는 회피형입니다. 다음은 저항형인데요. 이 아이들이 어떠냐 하면 낯선 방에 들어갈 때부터 어머니에게 달라붙습니다. 어머니와 떨어지기 전부터 경계하다가 떨어질 때에도 떨어지지 않으려고 저항하며 웁니다. 어머니가 나가면 격렬하게 울고 난리가 나지요. 그러다가 어머니가 들어왔습니다. 보통 양가감정이 있다고 하면 두 가지 서로 모순되는 다른 감정이 있다는 뜻인데요. 아이는 어머니가 들어와서 너무나 좋기도 하지만, 자기를 두고 나갔던 어머니가 밉기도 한 양가감정 때문에 어머니를 그토록 찾았는데도 어머니가 막상 들어와서 안아 주면 어머니를 밀거나 심지어 때립니다. 굉장히 오랫동안 울고 쉽게 달랠 수가 없어요. 그다음부터는 껌처럼 붙어서 떨어지지 않으려고 하는 게, 저항형 애착을 보이는 아이들입니다. 그러면 가장 불안정적인 애착인 혼란형 애착은 어떤 아이들일까요? 처음에는 안정형 애착처럼 편하게 보이기도 합니다. 그런데 이 아이들은 재결합 반응에서 독특한 반응을 보입니다. 이 아이들은 어머니가 나갔을 때 어머니를 찾으러 갑니다. 그런데 3분 후에 어머니가 돌아와 문을 열었을 때 아이들은 어머니를 피하거나 갑자기 이상한 행동을 합니다. 그토록 찾았던 어머니인데 왜 그럴까요? 그래서 이 아이들을 혼란형이라고 하는 거죠.

그런데 이런 것들이 부모의 양육 태도와 관련이 많다는 건데요. 어떤 양육자 밑에서 안정 애착이 나오고 불안정 애착이 나오는지 알아봅시다.

1.

- 낯선 상황 절차
· 에인스워스가 고안함
· 어머니와의 분리, 재결합, 낯선 사람의 출현 등 여덟 개의 상황으로 이루어짐
· 상황 하나당 3분씩 소요 → 총 약 25분 소요

- 유형별 행동 특성

유형 \ 행동 특성	어머니가 나갔을 때	어머니가 돌아왔을 때
안정형	울더라도 금방 그침	어머니에게 안기고 쉽게 달래짐
회피형	울지 않음	어머니를 피하고 못 본 척함
저항형	격렬하게 욺	어머니를 밀거나 때림
혼란형	어머니를 찾으러 감	어머니를 피하거나 이상 행동을 함

2. (1) ③ (2) ② (3) ③ (4) ③

말하기 한국인의 결혼관

어휘 익히기

1. (1) 결혼식을 올렸어요 (2) 청첩장을 받았죠/받았어요 (3) 축의금을 내는 (4) 중매를 섰대요
(5) 배우자를 선택할 때 (6) 독신을 고집하는 (7) 혼인 신고를 할 거예요/하려고요 (8) 혼수 준비를 하다가

2. (1) 나타난 (2) 내서 (3) 차지했습니다 (4) 실시되었습니다 (5) 실렸습니다 (6) 요청했습니다
(7) 돌렸습니다 (8) 인식하고 (9) 선호했습니다 (10) 조사한

전략 익히기 | 설문 조사 결과 수치로 설명하기

연습 1. 예시

미혼 여성의 배우자 선택 조건을 조사한 결과, '경제력'이라는 응답이 35%를 차지했고, 그 다음으로는 성격(28.5%), 직업(20.5%), 신뢰와 사랑(9.4%) 순이었습니다.

연습 2. 예시

한국을 방문한 외국인이 좋아하는 한국 음식을 조사했는데 그 결과 비빔밥(35%), 불고기(23%), 삼겹살(20%), 치킨(15%) 순으로 나타났습니다.

연습 3. 예시

한국 사람이 많이 가는 해외 여행지를 조사한 결과, 전체 응답자의 41.2%가 중국이라고 응답했습니다. 그 다음으로는 일본(22.4%), 유럽(16.3%), 미국(10.7%), 프랑스(9.4%) 순이었습니다.

제9과 과학과 미래

듣기 나노 과학

어휘 익히기

1. (1) 53

① 우리 몸에 가장 많은 물질은 우리 몸의 70%를 차지하는 물입니다.

② 세균이나 바이러스 같은 미생물은 현미경이 아니면 관찰할 수 없습니다.

③ 한국연구소는 물을 뿌리면 먼지가 떨어지게 하는 신소재를 개발했습니다.

④ 수요와 공급에 의해 가격이 자연스럽게 결정되는 것이 시장 경제의 원리입니다.

⑤ 저는 이 건물을 통해 현대적인 감각이 녹아 있는 한옥을 구현하려고 노력했습니다.

⑥ 수학은 공식만 외운다고 되는 것이 아니라 공식을 문제 풀이에 응용할 수 있어야 합니다.

⑦ 요즘 아빠의 얼굴과 엄마의 얼굴을 합성해 태어날 아이의 얼굴을 추측해 보는 것이 유행입니다.

⑧ 그 학교는 최첨단의 시설과 교육 기자재를 갖추고 있어 교육 환경이 우수하다는 평가를 받았습니다.

(2) ① 물질 ② 원리 ③ 신소재 ④ 합성하다 ⑤ 응용하다 ⑥ 최첨단 ⑦ 현미경 ⑧ 구현하다

2. (1) ② (2) ② (3) ① (4) ② (5) ② (6) ① (7) ① (8) ①

전략 익히기

중요한 내용 파악하기

연습 1. 55

1929년에 허블(Edwin Powell Hubble)이라고 하는 미국의 천문학자가 우주가 팽창한다는 사실을 발견했어요. 그래서 이걸 '허블의 법칙'이라고도 부릅니다. 사실 허블은 학생 시절에는 오히려 운동선수로 더 유명했어요. 학생 때 육상과 권투를 했는데 두 개 다 상당히 잘해서 미국 국가대표를 하기도 했다고 하네요. 허블은 정말 놀라운 사람인데요. 운동선수이면서 과학, 법학, 스페인어를 공부했고 한때는 법률가로도 활동했다고 합니다. 그러다가 최종적으로 박사 학위는 천문학으로 받았고 이렇게 위대한 업적을 남긴 것이죠. 사실 우주에 우리 은하 외에 다른 은하들이 많이 있다는 것도 이 허블이 알아냈습니다. 정말 대단한 사람이죠? 하여간 우리 우주는 점점 넓어지고 있는데요.

* 출처: K-MOOC 이화여자대학교 김찬주 교수의 〈현대물리학과 인간사고의 변혁〉 강의

☑ 우주는 점점 커지고 있다.

☐ 천문학자 허블(Edwin Powell Hubble)은 다방면에서 재능을 보였다.

☐ 허블(Edwin Powell Hubble)은 우주에 많은 은하가 있다는 것을 밝혔다.

연습 2. 56

이렇게 악어는 잠수함처럼 자유롭게 수면 위를 오르내리는데요. 아, 어제 동해에서 잠수함이 발견됐다는 뉴스 봤어요? 잠수함이 한 달 넘게 동해 바닥에 있었다고 해요. 그러다 수면 위로 올라온 게 발견됐다고 하지요. 다시 악어 이야기로 돌아가면, 악어는 어떻게 잠수함처럼 물속에 자유롭게 들어가고 수면 위로 올라오는 걸까요? 비결은 악어 뱃속에 있는 돌에 있습니다. 악어는 위를 두 개 가지고 있는데요. 수면 위아래를 자유롭게 다니기 위해 몸집에 따라 돌을 먹은 후 첫 번째 위에 보관합니다. 이 돌을 통해 위 속의 공기의 양을 조절해서 몸을 가라앉게 하거나 띄우는 거지요.

☐ 동해에서 발견된 잠수함은 한 달 동안 바다 속에 있었다.
☑ 악어는 잠수함처럼 자유롭게 수면 위를 오르내릴 수 있다.
☑ 악어가 몸을 띄우고 가라앉힐 수 있는 것은 위에 보관한 돌 때문이다.

연습 3. 57

지난 시간에는 태양열 에너지에 대해서 알아봤지요? 오늘은 풍력 에너지에 대해 얘기해 보려고 합니다. 풍력은 바람에서 얻는 에너지니까 풍력을 이용하려면 당연히 바람이 많아야겠지요? 풍력으로 전기에너지를 얻으려면 초속 5m 이상의 바람이 지속적으로 불어야 해요. 그래서 풍력발전소는 보통 바람이 많이 부는 사막이나 바다 근처에 많이 세워요. 한국에는 풍력발전소가 어디에 있을까요? 네. 바람이 많은 곳 하면 먼저 떠오르는 곳이 제주도죠. 제주도는 바람, 돌, 여자가 많아서 삼다도라고 하잖아요. 바람이 많이 불어서 집도 돌로 담을 쌓았고 지붕도 날아가지 않게 새끼줄로 고정을 시켰지요. 본론으로 다시 돌아가서 풍력 발전소는 제주도 그리고 동해 쪽 대관령, 남해 쪽 거제, 서해 쪽 영덕 등에 있습니다.

☑ 풍력 발전소는 바다 근처에 많이 세워졌다.
☐ 제주도는 바람이 많이 불어 집을 지을 때 돌로 담을 쌓는다.
☑ 풍력으로 전기를 얻으려면 초속 5m 이상의 바람이 불어야 한다.

듣기

나노 기술에 대한 강의 듣기

58

교수: 이번 학기에는 나노 기술에 대해 집중적으로 공부할 텐데요. 오늘은 첫 시간이니까 나노 기술이 무엇인지, 우리 생활에 어떻게 적용되는지에 대해서 먼저 얘기해 보려고 해요. 나노라는 말은 많이 들어 보셨지요? 그런데 나노는 무엇일까요? 혹시 아는 사람 있어요? 네. 아주 작은 거요. 맞아요. 나노는 그리스어 나노스(nanos)에서 유래된 말로, 10억 분의 1을 의미해요. 그러니까 나노미터라고 하면 1미터의 10억분의 1인 거죠. 어느 정도 크기인지 가늠이 되세요? 사람이 눈으로 확인할 수 있는 크기는 0.1mm 정도까지예요. 사람 머리카락의 굵기가 보통 0.07~0.08mm인데 바닥에 떨어지면 잘 안 보이지요? 그런데 나노미터는 머리카락보다 8만 배쯤 작아요. 1m와 1nm의 차이는 서울에서 부산까지의 거리와 새끼손가락 길이의 차이와 같다고 할 수 있지요.

나노 기술은 이러한 작은 물질을 다루는 기술을 말하는데, 이미 1959년에 미국의 노벨물리학상 수상자인 리처드 파인만(Richard Phillips Feynman) 교수가 나노 기술에 대해 처음 언급했어요. 파인만 교수는 브리태니커(Britannica) 사전 스물네 권에 들어 있는 모든 내용을 압정 하나에 기록할 수 있다고 예상했는데, 당시에는 그걸 믿는 사람이 거의 없었죠. 그땐 정말 꿈만 같은 이야기였겠지요? 근데 지금은 어떤가요? 아주 작은 메모리 칩 안에는 어마어마한 양의 정보를 저장할 수 있지요? 현재 나노 기술은 커다란 물건을 작게 만들 수 있을 뿐만 아니라 전혀 다른 성질의 물질을 만드는 데까지 발전했습니다. 이렇게 나노 기술은 아주 작은 물질로 새로운 세상을 만듭니다.

나노 기술은 자연에서 따온 경우가 많아요. 이 사진을 한번 보세요. 연잎인데요. 여기에도 나노의 원리가 숨어 있어요. 연잎은 물에 젖지 않아요. 연잎 표면이 어떤가요? 우리 눈으로 보기에는 매끄러워 보이지요? 그런데 연잎을 확대한 사진을 한번 봅시다. 어떤가요? 연잎 표면에 무수한 털과 나노미터 크기의 수많은 돌기가 보이시나요? 이 털과 돌기 때문에 물방울이 잎에 흡수되지 않고 미끄러져 떨어지죠. 이런 연잎 돌기의 원리로 만들 수 있는 것은 뭐가 있을까요? 비가 와도 젖지 않는 옷, 건물이나 자동차에 바를 수 있는 왁스를 만들 수 있겠지요. 즉, 나노 왁스를 바르면 와이퍼가 없어도 운전할 수 있고, 비가 오면 자동차가 더러워지는 것이 아니라 오히려 차에 묻어 있던 먼지가 비와 함께 쓸려 가 세차할 필요도 없게 되는 거죠.

나노 기술이 우리 생활에서 활용되는 다른 예를 들어 볼까요? 여러분, 혹시 〈스파이더맨〉 영화 봤어요? 저는 사실 〈스파이더맨〉은 애들이 보는 영화라고 생각했는데, 좋아하는 어른들도 많더라고요? 다시 돌아와서, 스파이더맨은 자유자재로 건물을 오르내리지요? 이게 현실에서도 가능할까요? 건물의 벽에 미끄러지지 않고 접착력이 강한 미세한 물질을 이용하면 우리도 얼마든지 스파이더맨처럼 자유롭게 건물을 오르내릴 수 있어요. 여러분, 게코라고 불리는 도마뱀붙이 알아요? 동남아시아에 가면 쉽게 볼 수 있잖아요. 제가 태국에 출장 갔을 때 호텔에 이게 돌아다니길래 자세히 보고 싶어서 한번 잡아 보려고 했는데, 여기저기 못 가는 데가 없고 발의 움직임이 어찌나 빠른지 못 잡겠더라고요. 지금 생각해도 자세히 못 본 건 좀 아쉽네요. 도마뱀붙이는 벽이나 천장에 들러붙을 수 있는 동물 중에서 가장 큰데, 스파이더맨처럼 쉽게 벽을 기어오르고, 경사진 곳에서도 떨어지지 않고 잘 붙어 있어요. 어떻게 그럴 수 있을까요? 발바닥 표면의 특이한 구조 때문이에요. 도마뱀붙이 발바닥을 확대해서 보면, 수직으로 나란히 놓인 주름이 있고 그 주름에는 솜털이 나 있어요. 그리고 그 솜털에는 수백 개가 넘는 잔가지가 있어 빨판의 역할을 해 주지요. 이 미세한 털 때문에 접착제 없이도 떨어지지 않고 벽이나 천장을 자유롭게 돌아다닐 수 있는 거예요. 발바닥을 이루고 있는 수백만 개의 털은 다시 여러 갈래로 갈라지는 나노 헤어 구조를 이뤄요. 그 구조가 자기 체중의 최대 100배에 해당하는 무게를 붙일 수 있을 만큼 강력한 힘을 갖게 하는 거지요. 이 원리는 어떻게 활용될까요? 접착력은 접착제로 연결될 수 있겠지요? 도마뱀붙이 발바닥의 표면은 화학 물질이 들어가지 않은 접착제를 만드는 데 참고가 됩니다. 또 이런 접착력은 청소기에도 응용될 수 있겠지요?

어때요? 멀게만 느껴졌던 나노 기술이 생각보다 우리 생활에 매우 밀접하게 관련돼 있지요? 그럼 계속해서 나노 물질에는 어떤 것이 있는지 나노 물질의 종류에 대해 알아볼까요? 특히 미래 세상을 이끌어 갈 차세대 신소재로 각광을 받고 있는 탄소나노튜브에 대해 먼저 이야기해 보도록 하지요.

1.

1. 나노 기술

① 나노

- 유래: 그리스어 나노스(nanos)
- 의미: 10억 분의 1

  아주 작음

  예) 나노미터: 머리카락보다 8만 배 작음

  1m vs. 1nm = 서울과 부산까지의 거리 vs. 새끼손가락 길이

② 나노 기술

- 작은 물질을 다루는 기술
- 미국의 노벨물리학상 수상자: 브리태니커 24권 내용 → 압정 하나
- 작은 물질로 새로운 세상을 만듦

2. 나노 기술과 생활

	연잎	도마뱀붙이
특징	• 물에 젖지 않음	• 경사진 곳에 잘 붙어 있음 • 벽이나 천장을 돌아다님
원리	• 표면의 털과 돌기 → 물방울이 흡수되지 않고 미끄러짐	• 발바닥 표면의 주름과 솜털 → 빨판 역할
활용	• 비가 와도 젖지 않는 옷 • 건물이나 자동차의 왁스	• 화학 물질 없는 접착제 • 접착력 좋은 청소기

2. (1) ③ (2) ③ (3) ③ (4) ①

말하기 기상 조절

어휘 익히기

1. (1) 착안해서　(2) 응결해서　(3) 강우량　(4) 제어할　(5) 기체　(6) 관측할　(7) 수자원　(8) 기류

2. (1) 해소하다　(2) 우려되다　(3) 측정하다　(4) 파괴하다　(5) 대비하다　(6) 조작하다　(7) 시달리다　(8) 냉각하다　(9) 살포하다　(10) 사라지다

전략 익히기

부분적으로 동의하며 반론하기

연습 1. 예시

학교 내에서 휴대 전화를 소지하면 학생의 학습권과 교사의 수업권을 모두 침해한다고 하셨는데요. 그런 면이 없지는 않지만 학생들이 가족, 친구 등과 연락하지 못하는 시간이 지나치게 길기 때문에 학교 내 휴대 전화 소지는 허용하는 것이 좋다고 생각합니다.

연습 2. 예시

대학은 사회적 비용으로 만들어졌기 때문에 일반인에게 대학 도서관을 개방해야 한다는 점은 저도 인정합니다만 일반인들이 출입하면서 학생들의 면학 분위기가 흐려지고, 학생들의 학습권이 침해받고 있기 때문에 대학 도서관 개방은 신중히 생각해야 합니다.

연습 3. 예시

가치관이 정립되지 않은 어린 나이에 연예 활동을 하면 인성 형성에 부정적인 영향을 끼칠 수 있다는 주장도 일리가 있지만 그렇지 않은 경우도 있는 것 같습니다. 청소년들의 연예 활동은 그들의 꿈을 이루어 내기 위한 한 과정이며 연예 활동을 하면서 많은 것을 배우고 느끼며 사회생활에 대해 알아 갈 수 있습니다.

제10과 역사의 이해

듣기 역사적 사실과 해석

어휘 익히기

1. (1) 59

① 고려의 멸망 이후 조선이라는 새로운 나라가 건국됐습니다.
② 15세기는 유럽의 문화 예술이 가장 왕성했던 황금기입니다.
③ 시대는 일반적으로 고대, 중세, 근대, 현대 등으로 구분됩니다.
④ 그 기업은 최근 아시아를 넘어 유럽 지역 시장을 새롭게 개척했습니다.
⑤ 이 책은 저자가 자신의 지나온 인생의 발자취를 모아서 쓴 자서전입니다.
⑥ 역사박물관에서 세월의 흐름에 따른 한복의 변천과 특성을 볼 수 있었습니다.
⑦ 우리는 전통문화 속에 간직되어 있는 선조들의 지혜를 후대에 잘 물려줘야 합니다.
⑧ 부끄러운 역사도 기록으로 남겨야 잊지 않고 같은 실수를 반복하지 않을 수 있습니다.

(2) ① 선조 ② 기록 ③ 건국되다 ④ 황금기 ⑤ 발자취 ⑥ 중세 ⑦ 변천 ⑧ 개척하다

2. (1) 60

여러분도 알다시피 역사에 있었던 사실을 재구성해서 만든 드라마, 연극 같은 걸 사극이라고 하죠. 그런데 여러 사극들을 보면 같은 역사적 사건을 다루더라도 주인공 성격이나 시대적 배경 등을 의도적으로 다르게 묘사하는 경우들이 있어요. 작가의 생각과 해석이 반영된 거죠. 그렇기 때문에 사극을 볼 때는 그냥 다 사실이라고 받아들이는 게 아니라 비판적인 입장을 취하는 게 필요해요.

(2) ① 들여다볼 ② 비판적 ③ 재구성한 ④ 의도적 ⑤ 취하고 ⑥ 주관적 ⑦ 본질적 ⑧ 배제할

전략 익히기

교재 여백에 보충 내용 필기하기

연습 1. 62

메라비언(Albert Mehrabian)이라는 심리학자에 의하면, 대화할 때 말하는 내용의 중요도는 겨우 7%밖에 안 된다고 해요. 나머지 93%는 비언어적인 요소인데요. 비언어적인 요소에는 뭐가 있을까요? 네. 말할 때의 몸짓, 표정, 시선 같은 것들이 대화할 때 상대방에 대한 인상을 결정한다고 해요. 다시 말해 뭘 말하는지보

다 어떻게 말하는지가 더 중요한 거죠.

심리학자 메라비언(Albert Mehrabian)에 따르면 대화에서 말하는 내용의 중요도는 7%밖에 안 된다. 대화 상대자에 대한 인상을 결정하는 것은 바로 비언어적 요소이다. 즉 '무엇을'보다 '어떻게' 말하는지가 더 중요한 것이다.

몸짓, 표정, 시선

연습 2. 63

여러분도 알다시피 하루는 24시간, 1시간은 60분이죠. 그런데 18세기 말 프랑스혁명 후 이렇게 10 단위로 계산하는 시간 단위가 있었어요. 10 단위라니 좀 낯설죠? 하루는 10시간, 1시간은 100분, 이렇게 시간을 나눈 거예요. 그리고 10일이 1주일인 달력도 만들어졌죠. 그런데 시간은 세계인의 약속이기도 하잖아요. 10년이 지나도 사람들은 계속 혼란스러워 했고, 결국 이 시간 단위는 역사 속으로 사라지고 말았어요. 1805년에 달력이 폐기되면서 시간 단위도 함께 없어지게 됐거든요.

1일=10시간
1시간=100분

18세기 말 프랑스혁명 후 10 단위로 계산하는 시간 개념이 있었다. 10일이 1주일인 새로운 달력도 만들어졌다. 그런데 10년이 지나도 사람들이 계속 혼란스러워 하자 이 시간 단위는 결국 사라지게 되었다.

연습 3. 64

가드너(Howard Gardner)의 다중 지능 이론은 지능에 여러 유형이 있다고 보는데요. 지능에 유형이 있다? 네, 예를 들면 언어 지능, 공간 지능, 음악 지능 같은 거죠. 다중 지능의 하나인 자기 성찰 지능은 한마디로 자신을 이해하는 능력이라고 할 수 있어요. 자신을 이해한다는 게 뭘까요? 네, 자기가 뭘 원하는지, 뭘 잘하는지, 이런 걸 아는 거죠. 그렇다면 자신의 욕구와 능력을 잘 이해할 수 있겠죠? 실제로 연구 결과에 따르면 사회적으로 성공한 사람들에게서 자기 성찰 지능이 높게 나타난다고 해요.

가드너(Howard Gardner)의 다중 지능 이론은 여러 유형의 지능이 있다고 보았다. 그중 하나인 자기 성찰 지능은 자신을 이해하는 능력을 말한다. 연구 결과에 따르면 자기 성찰 지능은 성공한 사람들에게서 높게 나타난다.

언어, 공간, 음악 등

자기가 뭘 원하는지, 뭘 잘하는지 아는

듣기

역사적 사실과 해석에 대한 강의 듣기

65

교수: 안녕하세요, 여러분? 오늘 강의 시작해 볼까요? 자, 먼저 질문 하나 해 볼게요. 여러분, 역사란 뭘까요? 음, 좀 어려운 질문인가요? 그럼 이렇게 한번 생각해 볼까요? 역사는 객관적인 과거 사실일까요? 아니면 과거에 대해 주관적으로 기록한 걸까요?

독일의 역사학자 랑케(Leopold von Ranke)는 역사를 과거 사실하고 똑같은 거라고 봤어요. 역사가의 역할은 가치에 대한 판단을 배제하고 지난 과거를 있는 그대로 되살려서 보여 주는 거라고 생각했죠. 랑케는 역사가가 과거 사실이 기록되어 있는 자료를 객관적으로 분석할 수 있고, 그러면 현재에도 과거의 눈으로 과거를 볼 수 있다고 믿었어요.

그런데 여러분, 정말 과거의 눈으로 과거를 볼 수 있을까요? 역사적인 사실을 그대로 복원한다는 게 가능할까요? 음, 아직 갸우뚱하는 사람들이 많은 것 같네요. 자, 여러분, 모두 지난주에 바로 이 자리에서 제 강의를 들었죠? 만약 여러분이 역사가가 되어서 그 시간을 역사책에 기록한다면 다 똑같이 쓸까요? 네, 아마도 여러분은 같은 강의 내용도 각각 다르게 해석하고 다르게 기억해서 다른 표현으로 구성할 거예요. 왜 그럴까요? 그렇죠. 그 책에 기록된 건 지금 이 자리에 있는 여러분 각자의 시선, 관점을 통해 재구성된 과거니까요. 결국 과거 사건은 역사가에 의해 역사적 사실로 해석되는 겁니다. 그렇다면 역사란 본질적으로 현재 속에 살아 있는 과거라고 할 수 있어요. 어떻게 현재 속에 과거가 살 수 있을까요? 맞아요. 랑케(Leopold von Ranke)는 과거의 눈으로 과거를 볼 수 있다고 했지만, 사실 역사란 과거가 아니라 현재의 눈으로 과거를 보는 거잖아요. 그래서 현재 속에 살아 있는 과거라고 할 수 있고요.

그러니까 이제 여러분은 역사책을 볼 때도 비판적으로 읽을 필요가 있어요. 어떻게 비판적으로 읽을까요? 네. 먼저 그 책을 쓴 역사가를 이해하고 읽어야 돼요. 어떤 사람이 재구성한 역사인지 알아야죠. 예를 들어서 『삼국사기』는 고려 시대였던 1145년에 김부식이 삼국의 천 년 역사를 50권으로 편찬한 역사책인데, 김부식은 삼국이 오래된 왕조인데도 그걸 기록한 역사서가 없어서 『삼국사기』를 만들었다고 했어요. 물론 『삼국사기』는 고구려, 백제, 신라의 역사를 들여다볼 수 있게 해 주는 중요한 기록 유산이죠. 그런데 여러분, 알고 있나요? 김부식은 신라 귀족 출신의 정치가였어요. 김부식은 삼국시대를 신라 중심으로 바라봤어요. 신라 중심의 삼국, 그래서 고구려, 백제의 일부 역사, 그리고 발해의 역사를 의도적으로 빼 버렸죠. 만약『삼국사기』가 다른 역사가에 의해 집필됐다면 삼국 시대 역사는 아마 다르게 그려졌을 거예요.

과거의 동일한 인물, 동일한 사건도 어느 시대에 누가 어떤 관점을 취하는지에 따라 다르게 해석될 수 있어요. 여러분, 혹시 10월 두 번째 주 월요일이 무슨 날인지 알아요? 네, 이날은 미국의 '콜럼버스(Christopher Columbus)의 날'이에요. 1492년 10월 12일, 이탈리아의 탐험가였던 콜럼버스가 아메리카 대륙에 도착했다, 이 사실을 여러분은 어떻게 해석하나요? 미국 이민자들에게는 이 사건이 큰 의미였을 거예요. 그러니까 콜럼버스의 신대륙 발견을 기념하는 날도 정했겠죠. 그런데 '콜럼버스의 신대륙 발견', 이 표현 어때요? 사실 아메리카 대륙은 새로운 대륙이 아니었어요. 원래부터 살고 있던 원주민들이 있었고, 그들 입장에서 콜럼버스는 다르게 해석되죠. 어떻게 해석될까요? 그렇죠. 자신들이 살고 있던 땅, 자신들의 문화를 파괴한 인물로 해석될 거예요. 최근 미국에서는 콜럼버스의 아메리카 대륙 발견에 대한 역사적 인식이 바뀌면서 '콜럼버스의 날'을 아예 기념하지 않거나 '원주민의 날'로 바꾸자는 목소리도 커지고 있죠.

자, 여기까지, 역사가 단순히 과거 사건이나 사실에 그치는 게 아니라는 거 알겠죠? 자, 그럼 처음에 했던 질문을 다시 해 볼까요? 역사란 무엇일까요? 네, 이제 역사가 뭔지 좀 생각이 정리된 것 같네요. 영국의 역사가 에드워드 카(Edward Hallett Carr)는 역사란 현재와 과거 사이의 끊임없는 대화, 현재를 사는 역사가와 과거 사실 사이의 대화라고 했어요. 다시 말해 역사는 단순히 지나간 과거에 대한 기록이 아니라 현재하고의 만남, 그리고 해석을 통해 의미를 갖는다고 할 수 있어요. 또 우리는 역사 속 수많은 인물, 사건, 경험을 돌아보면서 과거를 이해하고 지금 이 시간, 현재를 더 잘 살아갈 수 있죠. 그리고 더 나아가서 미래를 향한 바른 시각, 안목도 갖출 수 있어요. 결국 역사는 과거에서 현재로, 그리고 또 미래로 이어지는 길이라고 할 수 있겠죠.

1.

역사란 무엇인가? 독일의 역사학자 랑케(Leopold von Ranke)는 역사를 과거의 사실과 동일한 것이라고 보았다. 그는 역사가가 과거의 사실이 기록된 자료를 객관적으로 분석하면 과거의 눈으로 과거를 볼 수 있다고 믿었다.

그러나 역사적인 사실을 그대로 복원하는 것은 불가능하다. 역사는 역사가에 의해 재구성된 과거이기 때문이다. 그러므로 역사란 현재 속에 살아 있는 과거라고 할 수 있다.

현재의 눈으로 과거를 보는 것

역사가를 이해하고

따라서 역사책도 비판적으로 읽어야 한다. '삼국사기'는 김부식이 편찬한 책으로 삼국 시대의 역사를 보여 준다. 그런데 김부식은 신라 귀족 출신이었고 '삼국사기'는 신라를 중심으로 기록되었다. 만약 '삼국사기'가 다른 역사가에 의해 집필되었다면 삼국 시대의 역사는 다르게 그려졌을 것이다.

고구려, 백제 일부, 발해 역사를 뺌

과거는 시대와 관점에 따라 다르게 해석될 수 있다. 콜럼버스(Christopher Columbus)는 미국 이민자들에게는 신대륙을 발견한 탐험가로 기억되지만, 원래부터 아메리카 대륙에 살고 있었던 원주민들에게는 다른 인물로 해석된다.

자신들의 땅, 문화를 파괴한 사람

영국의 역사가 에드워드 카(Edward Hallett Carr)는 역사를 현재와 과거 사이의 끊임없는 대화라고 했다. 우리는 역사를 통해 과거를 이해하고 현재를 더 잘 살아갈 수 있으며, 미래를 향한 안목도 갖출 수 있다. 따라서 역사란 과거에서 현재로, 그리고 미래로 이어지는 길이라고 할 수 있다.

2. (1) ① (2) ① (3) ② (4) ③

말하기 역사적 사건

어휘 익히기

1. (1) 전성기 (2) 발견되면 (3) 기념비적인 (4) 개발 (5) 독립해서 (6) 보편화돼서 (7) 등장할 (8) 시도

2. (1) 이끌고 (2) 개편돼서 (3) 귀족 (4) 부상하고 (5) 가속화되고 (6) 재조명해 (7) 폐지하고 (8) 붕괴됐는데 (9) 자리잡았습니다 (10) 업적

연습 1. 예시

산업혁명은 18세기 중반부터 19세기 초반까지 영국에서 시작된 기술의 발전으로, 산업혁명으로 말미암아 생산 방식이 수공업에서 기계화로 전환되게 되었습니다. 산업혁명은 자본주의를 성립하게 했다는 점에서 우리의 생활에 큰 영향을 줬습니다.

연습 2. 예시

1935년에 인공 섬유인 나일론이 발명됐습니다. 나일론이 발명됨으로써 탄력성과 보온성을 갖춘 스타킹이 보편화되게 되었습니다. 그래서 나일론 발명은 섬유 공업에 혁명을 가져왔다는 평가를 받고 있습니다.

연습 3. 예시

월드 와이드 웹의 탄생은 급격한 사회 변화를 초래했습니다. 월드 와이드 웹의 탄생으로써 시간, 공간의 제약 없이 정보를 공유하게 되었습니다. 월드 와이드 웹의 탄생은 세계화의 시대를 열었다는 데에서 의미를 지닙니다.

찾아보기

ㄱ

가령 88, 216, 225
가속화되다 186, 187, 242
각광 160, 236
간직되다 177, 238
갈래 160
감상하다 60, 208
감소하다 124
강우량 167, 237
강조하다 24, 97, 98, 100, 112, 136, 197
강화하다 70, 209, 212
개발 32, 77, 131, 133, 159, 164, 167, 185, 232, 242
개방하다 88, 170, 237
개조되다 186
개척하다 238
개편되다 186, 242
거꾸로 87, 214
거치다 78, 213
건국되다 238
검색하다 106
검찰 178
겨냥하다 113, 222
격렬하다 60, 142, 208, 230, 231
격차 41, 46, 202
결정하다 77, 78, 81, 82, 180, 238, 239
결핍되다 96, 217
결합되다 96, 194
결합하다 19, 141, 194, 196
결혼식을 올리다 149, 231
겸손 23, 197
경계하다 230
경범죄 88
경사지다 235, 236
경영 18, 131, 135, 142, 195, 226
경쟁력 42, 45, 169, 202
경쟁력을 갖추다 132
경쾌하다 52, 55, 204, 206, 207
경향 15, 78, 113
곁들이다 96, 217
계층 41, 45, 114, 202
고궁 150
고려 177, 238, 240
고소하다 150
고수하다 132
고유어 24, 197
고정되다 91, 215, 216, 217
고체 160
고혈압 96
곡선미 55, 56, 206, 207
골대 161, 216
골인 87, 214
골키퍼 87, 214
공감 79, 116, 194, 196, 222
공격 87, 214, 215
공고하다 132
공급 159, 223, 224, 225, 232
공유하다 132, 243
공을 던지다 214, 216
공을 막다 214
공익성 220, 221
공존하다 204
공중 87
공헌하다 40, 131, 136, 137, 226
과녁 87, 214
과보호 114
과소비 114, 222
과시하다 186
관대하다 141, 227
관련성 18, 194, 195, 197

관습 16, 194, 196
관점 115, 116, 117, 124, 181, 182, 183, 222, 240, 241, 242
관찰 74, 159, 160, 209, 211, 212, 232
관측하다 167, 237
광고비 114
광고주 114, 222
교체하다 24
구독률 110, 218, 219, 220
구르기 91, 216, 217
구매욕 114, 222
구별되다 70, 209, 211
구부리다 59, 87, 214
구분하다 24, 141, 161, 197, 227
구청 149
구현하다 232, 233
국가 유공자 45
굳어지다 16, 19, 194, 196
권위적 81
귀족 181, 186, 189, 204, 240, 242
귀하 154
규칙적으로 23, 94, 197
균형 있다 199
근대 37, 38, 177, 201, 238
금리 127, 128, 223, 225
금지하다 42, 170
기계화 188, 241
기교 59, 208
기념비적이다 185, 242
기록 181, 182, 209, 235, 238, 240, 241, 242
기류 167, 237
기름지다 96
기발하다 113, 222
기상 166, 167, 171, 172, 173
기울이다 87, 89, 106
기질 81
기체 160, 167, 237
기호 15, 24, 124, 194, 197
깃들다 16
까다롭다 78, 213
꼼꼼하다 78
꾸미다 52
끈끈하다 160
끌리다 141
끼니 95, 217

ㄴ

나아가다 34, 38, 70, 199, 200, 241
나열하다 221, 92, 106
나타내다 14, 15, 19, 23, 24, 25, 94, 113, 125, 128, 196
낙천적 77, 213
날리다 87, 214
날아오르다 59
남녀노소 60
낮추다 96, 98, 218
냉각하다 168, 237
농작물 97, 167
누적되다 171
눈물겹다 60
느슨하다 52, 204, 206
능동적이다 81

ㄷ

다각적이다 201
다량 80, 96, 213
다방면 162, 233
다채롭다 60
단백질 95, 217
단절하다 132
달래다 142, 145, 228, 230, 231
담배꽁초 88
대륙 176, 241, 242
대비하다 168, 171, 215, 237
덜렁대다 78, 213
덧붙이다 96
도약 59, 208
도입하다 42, 202

독립하다 185, 242
독신을 고집하다 149, 231
독자 109, 110, 218, 219, 221, 222
독창성 114, 222
독특하다 60, 92, 114, 222, 230
돋우다 58, 96, 217
돌리다 150, 231
동기 72, 74, 209, 210, 211, 212
동일하다 34, 181, 199, 201, 215, 241
동작 59, 61, 86, 87, 88, 91, 92, 208, 214, 216
되풀이하다 70, 186
두드러지다 97, 230
뒷받침 45
드러나다 23, 77
드리블(dribble) 86, 91, 92, 215, 216, 217
들어맞다 42
들여다보다 178, 238, 240
등장하다 14, 98, 110 185, 218, 220, 242
따오다 235
땅을 차다 87, 214
때우다 95
뛰어나다 59, 83, 98, 113, 218, 222
띄우다 162, 233, 234

ㄹ

링 216

ㅁ

마구 88, 216
마운드 87, 214
맞추다 35, 36, 59, 60, 199, 214
매끄럽다 160, 235
매출 131, 226
맥락 23, 197
머무르다 34, 199, 201
먹음직스럽다 96, 217
멸망 177, 238
멸종하다 44, 168, 202
명확히 178
모방하다 60, 165
모순되다 142, 228, 230
목격자 105, 219
몸을 숙이다 214
몸통 59, 61, 208
무릎을 굽히다 214
무수하다 160, 235
무형 204
문화재 204
물려주다 177, 204, 238
물질 160, 163, 164, 232, 235, 236
미생물 159, 232
미세하다 160, 235
(영향을) 미치다 43, 75, 76, 78, 81, 147, 171, 184, 187, 225
밀접하다 161, 194, 196, 235

ㅂ

바닥을 짚다 214
박자 59, 208
반복하다 70, 177, 209, 212, 238
반영되다 149, 238
반영하다 17, 194, 196
반응하다 142, 228
반항적 81
(영향을) 받다 15, 20, 69, 77, 78, 81, 196, 209
발견되다 162, 185, 233, 234, 242
발끝 59, 61, 208
발달하다 27, 41, 106, 140, 143, 196, 221
발사 167, 184
발사하다 87
발생하다 34, 35, 106, 186, 220
발자취 238
발전되다 70, 195, 209, 211
발행하다 106
밝히다 69, 79, 105, 162, 203, 218, 233

방치하다 78
배우자를 선택하다 149, 231
배제하다 178, 182, 238, 240
법에 어긋나다 42
법을 준수하다 132
변덕스럽다 78, 213
변동 122, 124, 125, 127, 128, 225
변별되다 24, 197
변천 238
별거 142
보급하다 42
보도 79, 80, 109, 110, 213, 219, 220, 221
보상 74, 209, 212
보수하다 16
보유되다 96
보편화되다 185, 188, 242, 241
복원하다 181, 204, 240, 241
복지 131, 226
본능적 77, 213
본래 16, 19, 194, 196
본바탕 159
본질적 135, 178, 238, 240
부각하다 113, 115, 222
부담하다 132, 226
부상하다 186, 242
부여하다 114, 222
부응하다 78, 213
부정 23, 44, 170, 197, 203, 210, 211, 228, 237
부정하다 132
분류하다 24, 92, 143, 146, 229, 230
분리 142, 228, 230, 231
분명 88, 215
분주하다 60
불룩하다 52, 204, 206
불허하다 42
붕괴되다 186, 242
비롯되다 34, 97, 171, 199, 201
비만 96, 98, 218
비용 132, 170, 223, 237
비용을 부담하다 132
비유 23, 197
비판 114
비판적 178, 181, 238, 240, 242
비평 114, 115, 116, 222
빈부 41
빗대다 23
빙글 돌다 88, 216

ㅅ

사건 15, 23, 109, 110, 132, 176, 178, 184, 186, 187, 194, 219, 220, 221, 238, 240, 241
사라지다 88, 106, 149, 168, 202, 210, 237, 239
사려 77
산림 135
살포하다 168, 237
삼류 42
상대 87, 153, 214, 215, 216, 229
상대하다 78
상용화되다 186
상징 24
상징하다 113, 179, 206, 222
생동감이 넘치다 114, 116, 223
생략 23, 27, 35, 197
생명력 60
생활력 42
서민 186
선도하다 131, 226
선정되다 50, 114
선조 238
선호하다 104, 150, 151, 221, 231
섭취하다 96, 217
성별 27, 153
성인병 96
성장하다 78, 131, 198, 199
성적 186
성질 15, 141, 160, 164, 235
성취욕 114
소각 80, 213

소박하다 52, 204, 206, 207
소비자 15, 112, 114, 115, 116, 124, 126, 128, 131, 194, 223, 224, 225
소요되다 132, 230
소유주 142
소통하다 132, 226
소품 60
속하다 92, 215, 229
손해 124, 225
송금 223, 225, 226
수공업 188, 241
수련하다 132
수석 59
수습하다 142
수여하다 114
수요 127, 159, 223, 224, 225, 232
수용 109, 221, 222
수입하다 42, 225
수자원 167, 171, 237
수행하다 132, 226
숙면 96
순수성 114
스치다 78
습관화되다 96, 217
습도 96
시급하다 186, 201, 221
시기 18, 110, 134, 177, 194
시달리다 168, 237
시도 185, 221, 242
시장을 독점하다 132
식단 95, 98, 217, 218
식별되다 24
신붓감 149
신소재 232, 233, 236
신체 16, 20, 21, 58, 78, 194
신체적이다 198, 199
실리다 105, 150, 219, 231
실시되다 40, 42, 150, 201, 231
실용화되다 96
실천하다 34, 199, 201
실현되다 42, 202
쓰러지다 186

ㅇ

아울러 153
안목 181, 241, 242
안무 59, 208
암기하다 34, 199, 201
애매하다 178
애착 145, 146, 227, 229, 230
액체 160
약화되다 70, 80, 209, 212, 213
양가감정 146, 227, 230
양궁 87, 214, 216, 217
양념 95, 217
양육자 146, 227, 229, 230
어마어마하다 160, 235
어우러지다 55, 56, 60, 206, 207, 208
어원 23, 197
억양 23, 197
언급하다 89, 97, 110, 182, 235
언론 16, 218, 219
얻다 16, 162, 165, 194, 196, 234
엄격하다 141, 227
업적 71, 184, 186, 233, 242
여론 105
여유롭다 60
역할 24, 72, 109, 163, 210, 220, 221, 227, 235, 236, 240
연계하다 132, 226
연기하다 60
연령 153
연상되다 52, 204, 206
연출하다 60, 114, 115, 208, 223
영리 16
영양소 94, 95, 96, 98, 218
영입하다 178
영향을 끼치다 170, 194, 237
예상하다 60

예외적으로 24
예전 52, 95, 220
오보 218, 219, 220, 221
왕성하다 177, 238
왜곡하다 178
우뇌 80, 213
우려되다 168, 237
우아하다 52, 56, 204, 206
원리 158, 161, 224, 232, 233, 235
원만하다 78, 200, 213
원주민 176, 181, 182, 241, 242
위법 88
위상 109, 110, 220, 221
위화감이 조성되다 41, 46, 114
유대 146, 227, 229
유래 20, 72, 163, 194, 196, 210, 234, 236
유물 51, 178, 204
유발하다 113, 171, 222
유연하다 60, 208
유적지 51, 204
유전적 77, 81, 82, 213
유지하다 44, 112, 186, 203
유추하다 194, 196
유쾌하다 77, 116, 222
유형 51, 204
육성하다 34, 37, 199, 200, 201
육아 휴직 126, 223, 224
은하 162, 233
응결하다 167, 237
응용하다 232, 233
의도적 178, 238, 241
의무 51, 131, 169, 204, 226
의사소통 24, 74, 82, 219, 228
의성어 24
의식적 77, 213
의태어 24, 197
이기적 44, 77, 202, 213
이끌다 186, 201, 242
이동하다 88, 171, 215, 216
이론 38, 73, 74, 159, 180, 209, 211, 212, 239, 240
이산화탄소 80, 167, 213
이익을 창출하다 132
인공위성 167, 184
인상되다 42
인성 32, 170, 200, 227, 237
인식하다 135, 143, 150, 231
인지 69, 74, 89, 209, 211, 212
인지도 114, 222
인하되다 42, 45, 202
일관되다 78
일류 42, 46, 202
일부분 16, 19, 194, 195, 196
일정하다 52, 56, 87, 94, 204, 206
입시 위주 37, 38, 198, 201, 202
잇따르다 186

ㅈ

자국 63
자극 33, 73, 74, 110, 112, 116, 198, 209, 211, 212, 223
자금 41, 202
자기중심적 77
자리잡다 186, 242
자세 59, 208
자연스럽다 35, 96, 159, 221, 232
자제하다 78, 213
잠재적 77, 213
장면 60, 114, 116, 161, 216, 222, 223
재결합 142, 145, 228, 230, 231
재구성하다 178, 238, 240
재능 77, 83, 131, 162, 233
재정 41, 45, 170, 202
재조명하다 186, 242
재해 171
재현하다 88, 116, 222
저버리다 78
저항하다 142, 228, 230
저해하다 42, 202
전문 경영인 142

전성기 185, 242
전통 의상 56, 204, 206
절묘하다 161
접수되다 96
정서적이다 146, 198, 199, 229
정책 127, 128, 149, 225
정확도 114
제고 114, 115, 116, 117, 222
제도 37, 40, 41, 42, 201, 202, 223
제때 95
제어하다 167, 237
제한하다 70, 80, 209, 211, 213
조리법 99
조립 135
조작하다 168, 237
조절하다 96, 132, 166, 172, 217
조직하다 96
조화롭다 32, 37, 200, 201
종목 92
좌뇌 80, 213
주가 125
주관적 76, 178, 182, 238, 240
주목받다 114
주식 95, 124, 125, 217
주입식 116, 198, 201, 202, 222
중매를 서다 149, 231
중세 179, 185, 238
중의성 23, 197
즉흥적이다 60, 208
증가하다 79, 124, 128, 221, 225
지각 단서 92, 216
지급하다 42, 202
지나오다 177, 238
지방 95, 217
지수 125
지출 223
지탱하다 164
직면하다 106, 228
집중 42, 43, 46, 97, 202, 234
집필되다 181, 241, 242

ㅊ

차별화되다 113, 222
차지하다 144, 150, 151, 159, 186, 224, 228, 229, 231, 232
착륙 160
착안하다 167, 237
창의력 32, 37, 42, 79, 98, 201, 202, 218
창작하다 60, 108, 208, 220
창조하다 132
책임을 맡다 132
책임을 지다 132
처벌 209, 212, 220
처지 15, 194
첨가되다 96, 217
첨가하다 24
첨부되다 96
청첩장을 받다 149, 231
체계적이다 60, 195
최악 106
최연소 59
최첨단 233
추진력 81
축약하다 24, 35
축의금을 내다 149, 231
출고 114
충동적 77, 213
취하다 178, 238, 241
측정하다 71, 76, 116, 168, 222, 237
치솟다 124, 224
치열하다 60
치우치다 78, 105, 213, 220
치중하다 78
친밀하다 146, 229
친환경 133, 168

ㅋ

코트 87, 216

ㅌ

타당하다 178
타인 44, 69, 143, 169, 203, 209, 227
탄수화물 95, 217
탈락하다 24, 197
탈출 59
태도 76, 81, 141, 146, 230
털털하다 78
통계를 내다 149
통합하다 198, 199, 201
투수 87, 214
투자하다 124
특이하다 160, 235

ㅍ

파괴하다 168, 237, 241
파악하다 23, 124, 143, 221
판매하다 113, 199, 220, 222
팔을 뻗다 214
팔을 펴다 87
패스(pass) 86, 91, 92, 215, 216, 217
편견 219, 220, 221
편중 42, 46
편찬하다 181, 182, 240, 242
평등 41, 46, 150, 202
평범하다 114
폐간하다 41
폐쇄 91, 92, 215, 216, 217
폐지하다 169, 186, 242
포함하다 34, 38, 199
폭설 166, 171
폭식 95, 97, 217
폭염 171
폭우 171
표면 160, 163, 235, 236
표출되다 16, 194, 195
표현하다 52, 57, 58, 113, 204
풀다 106, 220

ㅎ

하락하다 110, 124, 128
학력 105, 219
학벌 154
학습 36, 43, 46, 73, 74, 78, 83, 199, 200, 209, 212
한데 60
한자어 24
한풀 88, 215
함유되다 96, 217
합성하다 232, 233
해당하다 16, 194, 235
해소하다 168, 237
향상 78, 186, 219
허용하다 42, 46, 133, 169, 170, 202, 237
혁신적이다 42
현미경 160, 232, 233
협동하다 38, 198, 199
형성하다 78, 112, 146, 209, 213
혜택 41, 45, 202
혼란 142, 228
혼수를 준비하다 149, 231
혼인 신고를 하다 149, 231
홍보하다 132, 226
화면 114
화폐 223
확립하다 70, 73, 209, 212
환경 33, 38, 78, 80, 81, 91, 92, 115, 116, 159, 171, 198, 202, 209, 213, 215, 216, 217, 233
환원하다 131, 226
환전 223, 225, 226
활기차다 60, 208
활발하다 132, 58, 78, 79
활용되다 70, 169, 209, 235
활용하다 24, 29, 37, 53, 60, 61, 97, 110, 131, 132, 151, 167, 171, 197, 201, 202, 221, 223
활을 쏘다 214

황금기 238
회복하다 106, 221
회상하다 60
회전하다 60, 88, 208
회피 142, 228
후대 177, 204, 238
후원하다 131, 226
후천적 77, 83, 213
훼손하다 135
휴양지 150, 160
흐트러지다 60
흡수되다 96, 217, 235, 236
흡입하다 96
흥겹다 60, 208
힘겹다 60

집필진 소개

개정판 집필진

이민경 이화여자대학교 언어교육원 특임교수

배재원 이화여자대학교 언어교육원 특임교수

김현진 이화여자대학교 언어교육원 특임교수

황선영 전 이화여자대학교 언어교육원 전임강사

정 진 전 이화여자대학교 언어교육원 전임강사

초판 집필진

배재원 이화여자대학교 언어교육원 특임교수

구재희 이화여자대학교 언어교육원 강사

이미혜 전 이화여자대학교 언어교육원 특임교수

오은엽 전 이화여자대학교 언어교육원 전임강사

* 이 교재는 2008년에 처음 출판된 『유학생을 위한 대학한국어 1: 말하기·듣기』를 기반으로 집필되었습니다.

MP3 목차

* 본 교재의 듣기 자료는 MP3 파일로 되어 있으며 이화여자대학교출판문화원 홈페이지(www.ewhapress.com) 자료실에서 내려받을 수 있습니다.

트랙	단원	타이틀	페이지	트랙	단원	타이틀	페이지
01	제1과	어휘 익히기	15	34	제6과	어휘 익히기	105
02	제1과	전략 익히기_예	17	35	제6과	전략 익히기_예	107
03	제1과	전략 익히기_연습1	18	36	제6과	전략 익히기_연습1	108
04	제1과	전략 익히기_연습2	18	37	제6과	전략 익히기_연습2	108
05	제1과	전략 익히기_연습3	18	38	제6과	전략 익히기_연습3	108
06	제1과	듣기	19	39	제6과	듣기	109
07	제2과	어휘 익히기_1	33	40	제7과	어휘 익히기	123
08	제2과	어휘 익히기_2	34	41	제7과	전략 익히기_예	125
09	제2과	전략 익히기_예	35	42	제7과	전략 익히기_연습1	126
10	제2과	전략 익히기_연습1	36	43	제7과	전략 익히기_연습2	126
11	제2과	전략 익히기_연습2	36	44	제7과	전략 익히기_연습3	126
12	제2과	전략 익히기_연습3	36	45	제7과	듣기	127
13	제2과	듣기	37	46	제8과	어휘 익히기_1	141
14	제3과	어휘 익히기	51	47	제8과	어휘 익히기_2	142
15	제3과	전략 익히기_예	53	48	제8과	전략 익히기_예	143
16	제3과	전략 익히기_연습1	54	49	제8과	전략 익히기_연습1	144
17	제3과	전략 익히기_연습2	54	50	제8과	전략 익히기_연습2	144
18	제3과	전략 익히기_연습3	54	51	제8과	전략 익히기_연습3	144
19	제3과	듣기_1	55	52	제8과	듣기	145
20	제3과	듣기_2	55	53	제9과	어휘 익히기	159
21	제4과	어휘 익히기_1	69	54	제9과	전략 익히기_예	161
22	제4과	어휘 익히기_2	70	55	제9과	전략 익히기_연습1	162
23	제4과	전략 익히기_예	71	56	제9과	전략 익히기_연습2	162
24	제4과	전략 익히기_연습1	72	57	제9과	전략 익히기_연습3	162
25	제4과	전략 익히기_연습2	72	58	제9과	듣기	163
26	제4과	전략 익히기_연습3	72	59	제10과	어휘 익히기_1	177
27	제4과	듣기	73	60	제10과	어휘 익히기_2	178
28	제5과	어휘 익히기	87	61	제10과	전략 익히기_예	179
29	제5과	전략 익히기_예	89	62	제10과	전략 익히기_연습1	180
30	제5과	전략 익히기_연습1	90	63	제10과	전략 익히기_연습2	180
31	제5과	전략 익히기_연습2	90	64	제10과	전략 익히기_연습3	180
32	제5과	전략 익히기_연습3	90	65	제10과	듣기	181
33	제5과	듣기	91				

유학생을 위한 대학한국어 1 듣기·말하기(개정판)

지은이 이화여자대학교 언어교육원

펴낸날 1판 1쇄 2008년 10월 15일
2판 1쇄 2018년 2월 21일
4쇄 2025년 8월 28일

펴낸이 주소현 **펴낸곳** 이화여자대학교출판문화원
주소 서울특별시 서대문구 이화여대길 52(우 03760) **등록** 1954년 7월 6일 제9-61호
전화 02) 3277-2965(편집), 02) 362-6076(마케팅)
팩스 02) 312-4312 **전자우편** press@ewha.ac.kr **홈페이지** www.ewhapress.com
책임편집 이혜지, 민지영 **디자인** 김리영, 정혜진
일러스트 이지영 **녹음** 김요한 **성우** 최정호, 강유경

ISBN 979-11-5890-258-2 14710
979-11-5890-257-5 (세트)
값 20,000원

* 잘못된 책은 구입처에서 바꾸어 드립니다.

이 도서의 국립중앙도서관 출판예정도서목록(CIP)은 서지정보유통지원시스템 홈페이지(http://seoji.nl.go.kr)와 국가자료공동목록시스템(http://www.nl.go.kr/kolisnet)에서 이용하실 수 있습니다. (CIP제어번호 : CIP2018003208)